Como ser un Influencer

Secretos Para Crear tu Marca De Redes Sociales Rápidamente.

Por Negocios en Línea Publishing

Publicado en Estados Unidos por
Negocios en Línea Publishing

© Copyright 2020

ISBN-13: 978-1-64808-007-4

Tabla de Contenido

Descripción

¿Tienes pasión por algo? Puede ser en cualquier área de tu interés. Puede ser que te apasione la moda, viajar, cocinar u otro tema, y ¿has estado pensando en impactar e influir a la gente en esta área? Aquí encontrarás todo lo que se necesita para empezar tu viaje para convertirte en un influencer sobresaliente.

La alegría de tener una comunidad de seguidores que confían inmensamente en ti es una sensación que no tiene precio. La satisfacción y plenitud de contar con un gran grupo de personas que cuentan contigo es inmejorable. Puedes estar batallando en poder hacer realidad tu meta de ser un influencer; ¿cómo exactamente se hace eso? Ten la seguridad de que estarás completamente preparado y listo después de leer y seguir los pasos prescritos en este libro electrónico. Tal vez te preguntes ¿cómo tus influencers favoritos han construido su gran base de admiradores? "No es fácil", te dices a ti mismo. Por ahora, siéntate, relájate y disfruta de cada parte de la información que necesitas para ir en el camino correcto. ¡Brindemos por convertirnos en el influencer impactante que siempre has querido ser!

Capítulo Uno:
Expresar con pasión

Una habilidad humana muy importante que cualquiera puede aprender es la capacidad de comunicarse eficazmente y, lo que es más importante, con pasión. Hay veces que leemos un libro, un artículo o una publicación, y sentimos este impulso ardiente dentro de nosotros; podemos relacionarnos con cualquier imagen que el escritor está tratando de crear en nuestras mentes. ¿Por qué lloramos cuando leemos novelas o vemos películas? ¿Por qué nos enfadamos realmente con personajes que ni siquiera son reales? ¿Alguna vez has tenido ganas de hacer pedazos a un personaje después de leer un libro? Esto sólo ocurre cuando la persona que se comunica con nosotros lo hace con pasión. Esto podría ser el trabajo de un escritor, un blogger, o incluso un influencer. El entusiasmo es contagioso, y es una manera efectiva de hacer que la gente se ponga en la misma página que tú. La capacidad de despertar las emociones de las personas es muy importante si se va a comunicar con un público objetivo. En un momento u otro, sentirás la necesidad de expresarte de tal manera que causarás una fuerte impresión en la mente de tu público. Nadie quiere ser etiquetado como una persona aburrida.

Personalmente, conozco a un líder de la comunidad cuyas publicaciones espero leer cada vez. Esto sólo porque casi puedo oír su voz cuando leo sus mensajes. Se comunica con tanta pasión que nunca olvido lo que me dice.

Tú debes de haber escuchado a un motivador hablar y probablemente te preguntaste cómo le hace para que la gente quiera cambiar sus vidas simplemente después de escucharlo comunicándose de esa manera tan impresionante. Si quieres ser un influencer exitoso, debes ser capaz de emocionar a la gente o de crear una impresión positiva. Ser un influencer tiene mucho que ver con ganar la confianza de tu público, así como su atención. En este capítulo, aprenderás a comunicarte y expresarte con pasión. Aprenderás a hacer que la gente reconozca tu voz, respete tus ideas y preste mucha atención a lo que tengas que decir.

5 MANERAS DE EXPRESAR TU PASIÓN

Encuentra tu nicho: Comunicarse eficazmente tiene mucho que ver con encontrar tu nicho. Tu primer paso para convertirte en un influencer es saber exactamente de qué quieres hablar y asegurarte de que lo hagas con pasión. Tu tema debe ser algo con lo que te sientas muy cómodo y familiarizado. Si estás hablando de algo que te entusiasma, la gente sentirá tu pasión y verá tu originalidad. Para dejar una impresión positiva en la mente de tu público requieres de un contenido en profundidad, y esto sólo puede lograrse cuando permaneces dentro de tu nicho. Conoce exactamente lo que te intriga y ten la suficiente confianza para que la gente vea que sabes bastante acerca de lo que estás hablando. En el mundo de la influencia, la gente habla de prácticamente todos los temas que se te ocurran; sin embargo, todavía puedes encontrar a tu audiencia. Si la moda es lo que te atrae, entonces debes asegurarte de que tu contenido no se aparte de eso. Habiendo dicho esto, sólo se puede ser apasionado por lo que se ama. La pasión y el entusiasmo son contagiosos, y esto se reflejará en tu contenido. Al encontrar tu nicho, asegúrate de que no sea uno que parezca inestable. Pregúntate si te cansarás de ese tema en particular en los próximos cinco años. Pregúntate si seguirías disfrutando de lo mismo aunque no le pagaran por ello. Y así es como puedes encontrar y conocer tu pasión. Si tus respuestas a las preguntas anteriores son "sí", entonces has encontrado tu pasión. Encuéntrala determinando en qué eres excepcionalmente bueno. El mío es escribir, y escribiría aunque no me pagaran por ello. Encontrar tu nicho no sólo te ayudará a expresarte con pasión, sino que también reducirá tus probabilidades de que lo abandones. Así que, para empezar a expresarte con pasión, necesitas encontrar un tema que te apasione.

Domina el arte de la elocuencia: El segundo paso para expresarte apasionadamente es dominar el arte de la elocuencia. Si has leído algún libro de Steve Harvey, o lo has visto en la televisión, entonces sabes lo que significa ser elocuente. Se puede escuchar la elocuencia y la pasión en su voz a distancia. Ser elocuente es intentar insertar tus ideas persuasivas en la mente de otra persona utilizando el arte del encanto del lenguaje. La elocuencia es el arma de un influencer y de cualquier orador público; cuando se maneja adecuadamente, las personas aceptarán tus ideas. Es una manera de llevar tu mensaje a la mente de tu audiencia para siempre. ¿Qué te dice eso? La elocuencia es la mejor manera de crear una buena impresión. La verdadera elocuencia es emocionalmente poderosa; despierta los sentimientos de tu audiencia. La mente humana es como un tamiz; retiene muy poco porque nos distraemos fácilmente. Sin embargo, la elocuencia te ayudará a captar la atención de tu audiencia al involucrar sus emociones en lo que estás tratando de decir. Te permite tocar los acordes de sus corazones. ¿Tiene esto algún sentido? Bueno, veamos un ejemplo de la vida real: Hace algún tiempo en mi universidad, nuestro profesor había elegido a tres oradores diferentes para discutir una novela clásica llamada Cumbres borrascosas. La primera alumna era una oradora incoherente que daba vueltas en círculos y andaba por las ramas, y se podía ver que ella creía que estaba diciendo algo interesante dentro de sí misma. Después de cinco minutos de perder el tiempo de todos, el profesor la abucheó desde el podio. La segunda oradora era más elocuente; hablaba de la novela y era escuchable, pero su manera de comunicarse no era lo suficientemente persuasiva. La tercera oradora era una oradora elocuente; nos robó la atención con su uso impecable y sus elecciones directas de palabras. Explicó la trama de la historia como si fuera la verdadera escritora del libro; pudimos sentir su pasión por los personajes de la historia, lo que hizo que toda la clase la llenara de aplausos tan pronto como terminó su presentación. Incluso hoy, todavía recuerdo el 80 por ciento de lo que ella habló ese día. Esto se debe a que combinó la elocuencia con la sencillez para pronunciar un discurso apasionado. Bueno, estoy seguro de que no quieres ser más que un orador elocuente y un escritor de contenido también. La elocuencia es una habilidad que se puede aprender, practicar y dominar.

Conoce tus convicciones: Una cosa importante que necesitas saber después de aprender la elocuencia es saber exactamente cuál es su opinión sobre un tema en particular. Me he dado cuenta de que los que son muy buenos para causar una impresión son los que no tienen miedo de expresar sus puntos de vista sobre algo en particular. Necesitas saber si estás "a favor" o "en contra" de un tema y dejar que se vea a través de tu contenido. Tu fuerte desagrado o afición por una cosa o idea mostrará lo apasionado que eres. No te preocupes por las personas que puedan contradecir tus opiniones; necesitas saber que algunas personas no siempre estarán de tu lado y no verán las cosas desde tu punto de vista; esto es normal y también muy bueno para un influencer porque necesitas el compromiso de tu audiencia. Además de conocer firmemente sus creencias, necesitas encontrar y reconocer tu propia voz para sonar más auténtico y apasionado.

Cuenta historias de la vida real: Si quieres que tu audiencia esté en la misma página que tú, necesitas contar historias de la vida real; permite que puedan conectar contigo y relacionarse con tu contenido. Encontrarás que el contenido más impresionante e inspirador generalmente tiene algo con lo que puedas identificarte y contiene historias de la vida real. Ser genuino es una manera de ser apasionado; recuerda, no puedes fingir y tener éxito en el mundo de las redes sociales. Tu audiencia siempre sabrá cuando estás tratando de ser otra persona. La pasión puede expresarse a través de historias reales e inspiradoras.

Comunícate de una manera entretenida: Una forma de ser apasionado con tu comunicación es asegurarte de que tu contenido no sea aburrido. No es necesario ser un comediante de pie para expresarse con pasión, pero el humor es una herramienta de comunicación esencial. Hacer reír a tu público mientras transmites un mensaje importante los mantiene relajados y concentrados al mismo tiempo. Todos amamos a la gente con sentido del humor, y si eres una persona divertida, tu público siempre estará deseando saber más de ti. Una manera de mantener a su audiencia interesada y no aburrirla es hacer comentarios ingeniosos de vez en cuando. Comparemos estos dos anuncios y veamos el poder del humor. Un anuncio aburrido y simple para una loción sería algo así: "Realmente no puedes resistir el encanto de usar la loción Creed; necesitas oler bien y hacer que todos se enamoren de ti. Elige CREED, a cualquier día y a cualquier hora." Hmm, seguro, dices. Ahora veamos el impacto del humor y la narración en la publicidad de la misma loción. "El Sr. Jones se preguntaba por qué todos contenían la respiración cada vez que él entraba en la oficina. Su jefe también había insinuado que llegó oliendo a huevo podrido una mañana. Justo como si lo enviara su ángel guardián, la fragancia divina Creed, cayó en las manos del Sr. Jones el Día de San Valentín; había llegado con el paquete que su querida esposa le había enviado, ¡y el Sr. Jones no pudo contener las lágrimas! Lloró como un bebé. Finalmente, pudo tener a sus amigos de regreso y oler bien una vez más. A dondequiera que iba el Sr. Jones, tenía la cabeza en alto; todos querían volver a hablar con él y, al igual que un alcohólico, el Sr. Jones agarraba una botella de Creed en sus brazos en todos los lugares a los que iba. ¡Llama a Creed ahora! Es tu ángel de la guarda". Obviamente, el segundo anuncio no se olvidará apresuradamente. Sólo explica el poder del ingenio y de la narración para expresar tu pasión.

Pasos prácticos para empezar a expresarte con pasión

Has leído cómo poder ser apasionado al comunicarte. Ahora, repasemos los pasos que tendrás que hacer para empezar a expresarte con pasión. Lo primero es encontrar tu pasión. ¿Cómo encuentras tu pasión? Tú puedes encontrar tu pasión haciendo las siguientes preguntas:

¿Qué haces en tu tiempo libre? ¿Qué te encuentras haciendo cuando estás libre? Esto podría darte una pista para determinar qué es lo que te intriga.

¿Qué temas te interesan? ¿Qué tipo de novelas te parecen atractivas? ¿Qué tipo de programas esperas ver cada día? ¿A qué clubes o revistas te suscribes?

¿Conocerás tu pasión haciéndote estas preguntas? Veamos cómo respondería a las preguntas:

¿Cómo paso mi tiempo libre? Paso mi tiempo leyendo libros sobre desarrollo personal y marketing.

¿Qué temas me intrigan realmente? Los temas de marketing me intrigan, especialmente los que hablan de satisfacer las necesidades de un público objetivo y la publicidad de una manera llamativa.

¿A qué clubes o revistas me suscribo? Soy miembro de diferentes grupos de marketing online, y también disfruto leyendo y viendo anuncios muy inteligentes y convincentes.

Ahora, ¿cuál es mi pasión? Mi pasión es el

MARKETING; me gusta ser un vendedor y hacer anuncios realmente interesantes. Esta es la manera de encontrar tu pasión con las preguntas antes mencionadas. El segundo consejo para empezar a expresarte con pasión y ponerte a trabajar en tu elocuencia. ¿Cómo puedes dominar el arte de la elocuencia?

Comience a usar palabras vívidas que todos entiendan en tus conversaciones diarias. Juega con la imaginación de la gente describiendo y pintando un cuadro de lo que está tratando de decir.

Asegúrate de comunicarte confirmando que tu audiencia te está escuchando. Has una pausa para hacer preguntas. Usa técnicas retóricas deliberadas.

Asegúrate de que tu contenido y tus ideas sean lo suficientemente convincentes.

El tercer consejo es que conozcas tus puntos de vista; has saber a tu audiencia si estás a favor o en contra de una opinión, y sé apasionado con tu opinión diciendo exactamente por qué apoyas o no una idea.

El cuarto consejo es el uso de historias de la vida real. ¿Cómo puedes hacer esto?

Escriba tus ideas y trata de determinar si algo similar te ha sucedido antes.

Tú puedes investigar en internet para ver si hay alguna historia de la vida real que comunique tu idea.

También puedes preguntar a familiares y amigos si les ha pasado a ellos o a alguien que conozcan.

El último consejo es usar el ingenio y el humor para hacer que tu contenido sea divertido de leer y entretenido.

¿Cómo puedes hacer esto?

Sé impredecible; salte de las reglas para tomar a tu audiencia por sorpresa y escribe algo que ellos no esperarían dentro de tu contenido.

Utiliza el ingenio y la comedia para animar tu contenido.

Capítulo Dos:
Cómo atraer a tu audiencia

¿Cómo puedo mantener a mi público comprometido como influencer? ¿Cómo puedo saber exactamente lo que mi público realmente quiere, y cómo puedo mantenerlos interesados en leer mi contenido? Todos hemos visto personas cuyo número de seguidores no coincide con la actividad en su página. ¿Cómo es posible que tengas más de dos millones de seguidores, pero que apenas tengas hasta mil likes o no más de cien comentarios en una publicación? Esto es muy extraño, y estoy seguro de que nadie quiere pasar por eso. Ahora la pregunta de oro es: ¿cómo puedo conseguir que el 90 por ciento de mi audiencia se interese y se comprometa con mi contenido? Esto es bastante simple, pero requerirá mucha dedicación y compromiso para lograrlo.

AQUÍ ESTÁN LOS 15 MEJORES CONSEJOS PARA AYUDARTE A ENGANCHAR A TU

AUDIENCIA CON TU CONTENIDO PARA SIEMPRE.

SÉ CONSISTENTE: El primer truco que necesitas aprender como influencer es la CONSISTENCIA. La triste noticia es que no puedes ser un influencer si batallas en ser consistente; sin embargo, como cualquier otra habilidad, la consistencia puede ser aprendida, practicada y dominada. Independientemente si estás de humor o si no, tienes que publicar constantemente para atraer el interés de tu público y mantenerlo interesado. Cualquier persona influyente con éxito te diría que este truco es el primero que necesitas aprender, porque todo el mundo se molesta por tener que esperar mucho tiempo antes de escuchar a las personas que lo influencian o inspiran. Entonces, ¿cómo puedo ser consistente? Realmente quiero publicar más a menudo y ser más activo, pero al final me doy por vencido en algún momento. ¿Cómo puedo aprender a ser consistente hasta alcanzar mis metas? Tal como se mencionó anteriormente, la consistencia puede ser aprendida, practicada y dominada. Para ser consistente en cualquier cosa, necesitas establecer metas realistas a corto plazo; saber exactamente en qué quieres ser consistente y definirlo. En lugar de decir: "Quiero ser coherente con mi contenido", deberías decir: "Quiero publicar todos los días y hacer investigación en internet una hora cada día". Esto es más realista y bien definido. Establece recordatorios que puedas ver fácilmente. Si cometes errores, no te rindas. Si no cumples con los objetivos que te has fijado, esto no te convierte en un fracasado; asegúrate de empezar de cero el día siguiente si no cumpliste con el objetivo de ayer; no te condenes a ti mismo ni te consideres incoherente. Recuerda, Roma no fue construida en un día; la consistencia es una habilidad gradual y no puede ser adquirida en un día. Ser consistente no significa que tengas que trabajar todo el día sin tomar un descanso; necesitas tomar un tiempo libre para relajarte y recuperarte. Esto significa simplemente que, para desarrollar un buen contenido, es necesario meditar con frecuencia. Ser consistente en ser improductivo equivale a no hacer nada. Asegúrate de que tu objetivo sea crear contenido de calidad y al mismo tiempo ser consistente. Finalmente, después de tener éxito con sus metas a corto plazo, asegúrate de recompensarte a ti mismo.

PUBLICACONTENIDO DE CALIDAD: El segundo consejo para lograr el compromiso de tu audiencia es publicar contenido de calidad en tus plataformas. Asegúrate de usar teléfonos inteligentes con muy buenas cámaras para tomar tus fotos o usar una cámara real; la mayoría de la gente se siente atraída por imágenes glamorosas. Además, asegúrate de que tus fotografías transmitan las ideas que deseas transmitir. Todos nos enganchamos al contenido con fotos llamativas y glamorosas. Intenta usar luz natural y brillante apagando el flash de tu teléfono; el flash de tu smartphone sigue siendo sólo una luz LED que puede dar un tono extraño a tus fotografías. Fotografiar con fuentes de luz natural ayuda a que las fotografías tengan un aspecto más profesional. También puedes encontrar un punto luminoso junto a una ventana si se encuentra en interiores, pero no olvides que ciertas sombras deben evitarse manteniendo las fuentes de luz frente a ti. Si prefieres tomar fotografías al aire libre, al medio día y al final de la tarde suelen ser los mejores momentos para obtener una iluminación óptima para tomar fotografías de aspecto profesional. También puedes utilizar trípodes para mantener tu smartphone o cámara inmóvil. La razón principal detrás de todo esto es tomar fotografías claras para tu contenido con el fin de mantener a tu audiencia involucrada.

Agrega subtítulos genuinos e interesantes: Otra cosa importante que necesitas saber para atraer a tu audiencia es añadir subtítulos genuinos e interesantes a tu contenido. Para evitar que la gente se desplace más allá de tu contenido, tienes que involucrar sus mentes y apelar a su inteligencia. Para ello, utiliza la habilidad que aprendiste en el Capítulo Uno: exprésate con pasión para que tu audiencia sienta y se relacione con tu contenido. Demuestra a tu audiencia que estás genuinamente interesado en el contenido que has creado. ¿Han visto alguna vez un título muy inteligente e interesante, y se han preguntado cómo se les ocurrió a los escritores de tal título? Bueno, esto no es difícil de hacer; todo lo que necesitas hacer es comunicarte inteligentemente con una de estas tres cosas:

Apela al sentido del humor de tu audiencia: usa el humor para atacar ciertos asuntos que confrontan a tu audiencia.

Has preguntas realmente inteligentes: cuando hagas preguntas inteligentes a tu audiencia, se verán obligados a darte una respuesta y a expresar sus opiniones. Esto los mantendrá ocupados.

Cuenta historias de la vida real y mantén tus subtítulos reales: para escribir subtítulos realmente interesantes, puedes contar una historia y mantener a tu audiencia involucrada con su deseo de averiguar qué sucederá en tu historia.

Utiliza hasta cuatro hashtags relevantes: Como influencer de las redes sociales, otra forma de hacer que la gente se dé cuenta de tu contenido más fácilmente es crear hasta cuatro hashtags relevantes; esto no sólo ayudará a la gente a encontrar tu contenido, sino que también podrá mejorar su compromiso. Si tu contenido es sobre moda, tienes que usar unos cuatro hashtags relacionados con la moda. Un ejemplo de esto es: #Moda #Ropademoda #Ropademujer #Estilobelleza. Puedes utilizar cualquier número de hashtags relevantes dependiendo de tu contenido.

Sigue a algunos de tus seguidores: ¿Cómo te sentirías si alguien cuyo contenido te inspirara tanto o tu influencer favorito te siguiera? Definitivamente te sentirías genial, ¿verdad? Debes tratar de seguir a algunos de sus seguidores cuyas cuentas disfrutes también y responder a los comentarios dejados por tu audiencia. Interactuar con tu audiencia también aumenta su compromiso. Trata de pedirle a tu audiencia que haga ciertas cosas para que tú mismo los sigas. Tal vez puedes pedirles que comenten sus nombres. Además, responder a sus comentarios les hace querer comentar más a menudo, y eso también aumenta el compromiso con tu contenido.

SEA CARISMÁTICO: No hay duda de que el carisma es uno de los rasgos más cautivadores que cualquier persona puede poseer. Implica mucha confianza en uno mismo para ser carismático. Ser un influencer carismático no sólo atraerá a la gente hacia ti, sino que te ayudará a crear un contenido impresionante. Primero, hay que tener mucha confianza para llegar a ser carismático. La gente puede sentir la confianza que se esconde detrás de tu contenido, incluso sin poner sus ojos en ti. Para atraer a tu público, deja que su carisma se manifieste a través de tu contenido. Deja que su audiencia vea lo seguro que estás de lo que quieres hablar. No te preocupes por los que odian; están en todas partes. Son personas muy amargadas que están esperando cualquier oportunidad para transferir su amargura y hacerte sentir mal. Siempre te encontrarás con estas personas sin importar lo carismático y seguro que sea tu contenido. La verdad irónica sobre los que odian es que son tus mayores fans, obviamente celosos de lo exitoso que te estás volviendo o de la excelente perspectiva a futuro que ven en ti. No prestes atención a estas personas mientras tratas de comprometer a tu público; en su lugar, trabaja en la confianza de ti mismo y establece un recordatorio diario para que te digas lo maravilloso que vas a ser como influencer. Mantén pensamientos positivos solamente y dite a sí mismo el buen impacto que tendrás en este mundo. La positividad se transmite y la gente aceptará esta vibración positiva de tu parte; buscarán tu contenido cada vez que lo necesiten para mantenerse positivos.

SER UN EXPERTO EN LO QUE HACES: El paso final y más productivo es ser realmente bueno en lo que haces. Ser un influencer tiene que ver con tener un contenido significativo. Para conseguirlo, tienes que limitar tu contenido para dar lo mejor de ti mismo. ¿Cómo se reduce el contenido? Si su contenido es sobre deportes, con el fin de dar lo mejor de ti mismo, debes limitarlo a una especialidad en particular como la natación o el maratón; tu público sabrá que eres realmente bueno en lo que haces y pueden confiar en ti más que si estuvieras hablando de todo lo que hay en los deportes.

PASOS A SEGUIR PARA INVOLUCRAR A TU AUDIENCIA

Asegúrate de publicar regularmente y de ser coherente con tu contenido.

• Adjunta imágenes de calidad a tu contenido para transmitir mejor tus ideas.

• Incluye unos cuatro o más hashtags relevantes para tu contenido, así como para tu ubicación.

• Responde a los comentarios con regularidad y has un seguimiento de algunas cuentas que te gusten.

- Elige una aplicación para la planificación de fuentes para tu contenido. Esto te ayudará a programar las publicaciones.
- Agrega subtítulos genuinos e interesantes para atraer a tu audiencia.
- Utiliza la luz natural para tus fotos.

Capítulo Tres:
Cómo colaborar con otras personas influyentes

Es esencial aprender uno de los principales trucos para influir: el truco de la colaboración. Con el fin de expandir tu base de seguidores y llegar a más audiencias, tú puedes colaborar con otro influencer que tenga un nicho similar o que ya tenga su audiencia objetivo. Ahora, ¿qué significa esto? Esto significa que no puedes hacer que todo el mundo siga tu marca todo el tiempo. ¿Quién es tu audiencia objetivo? Si crees que los que pueden beneficiarse de tus contenidos son adolescentes, necesitas saber a quién están siguiendo en este momento y tratar de colaborar con ellos; llegarás a más de las personas que te interesan y ampliarás tu público objetivo. En el mundo influencer, tú no debes tener miedo de correr riesgos y alcanzar a aquellos que pueden ayudarte a crecer. Ahora bien, ¿cómo colaboras con otras personas influyentes y de qué manera puedes beneficiarte de la colaboración con otras personas influyentes?

Pueden hacer una lluvia de ideas juntos: Tú puedes colaborar con otros influencers pensando juntos en buenas ideas que sean atractivas para tu audiencia. Pueden embarcarse juntos en un proyecto e informar a tu audiencia sobre tales proyectos. Cuando los dos involucran a sus audiencias en el proyecto, los podrán mantener interesados en tu contenido. ¿Qué estoy diciendo aquí? Tú has debido de haber visto a dos o más de tus influencers favoritos reunirse en una empresa, y eso te hizo querer conocer a la otra persona y tal vez seguirla. Podrías incluso haber visto a algunos influencers del sexo opuesto hacer una "cita a ciegas" sólo para hacer que la gente siguiera o checara el canal de la otra persona. No te sorprendas, es un truco de colaboración. Funciona como por arte de magia. Personalmente conozco a un influencer que se especializa en escritura creativa; escribe libros, poemas e historias cortas. Tiene una gran base de seguidores y tiene un gran impacto su público. Cuando quiso llegar a más gente, colaboró con otro influencer escribiendo un libro con él. No sólo su base de seguidores se disparó, sino que también ayudó a que el otro influencer se hiciera más popular. Así es exactamente como funciona la colaboración en el mundo influencer.
Publicaciones de invitados en ambas plataformas: ¿Has estado pensando en colaborar con otro influencer, pero simplemente no tienes ni idea de cómo hacerlo? Tú

puedes lograrlo simplemente haciendo un post o comentario en la publicación de la otra persona influencer y hacer que ellos hagan lo mismo en el tuyo. No tengas miedo de acercarte; lo peor que pueden decir es que no. Muchos de ellos se sentirían halagados de que quieras que publiquen como invitados en tu plataforma. De esta manera, estarían compartiendo sus audiencias entre sí; asegúrate de que el influencer sea alguien que tenga un nicho similar al tuyo, y estarán listos para compartir.

CREAR VLOGS JUNTOS: ¿No te intrigaría ver a tus influencers favoritos juntos en un video? Yo estaría definitivamente intrigado. Puedes utilizar este método para llegar a más audiencias y, al mismo tiempo, hacer que tu contenido sea más divertido. Todo lo que tienes que hacer es reunirte con un influencer que te guste y hacer un video juntos. Hacer un vlog con otros influencers es una manera segura de llegar a los milenios. Cuando hacen videos juntos, puede ser sólo ir un lugar para pasar el rato o hacer algo divertido; pueden estar teniendo una discusión interesante en el video que suene atractiva para su audiencia. Recuerde, no es necesario que te apartes de tu contenido. Sólo tienen que etiquetarse los unos a los otros, y al hacerlo, compartirán sus audiencias entre sí.

Tómate fotos con ellos y etiquétalos: Otra forma segura de colaborar con otros influencers es tomar fotos y etiquetarse los unos a los otros en sus plataformas.

Recuerda que la razón principal para colaborar con otros influencers es llegar a más personas, por lo que debes asegurarte de que los influencers con los que estás colaborando tengan una base más grande de seguidores que tú. Cuando tú etiquetas a estos influencers y ellos también te etiquetan en sus plataformas, ambos tendrán acceso a mayores audiencias.

Revisa los productos y el contenido de los otros influencers: Una buena manera de llamar la atención de otros influencers para que colaboren contigo es revisar su contenido y sus productos. Si te gusta el contenido de un influencer o un producto en particular, puedes publicar una reseña en su propia plataforma y decirle a su propia audiencia lo que realmente te gusta de su contenido; tu opinión hará que se fijen en ti y en tu canal. Cuando te acerques más tarde a estos influencers para colaborar, será más fácil que cedan a tus peticiones, porque les has demostrado que eres un fan de su marca. Lograr una colaboración con personas cuyo contenido hayas revisado, automáticamente establece una conexión entre ustedes.

UNIÉNDOSE PARA HACER SORTEOS: A todo el mundo le encantan los regalos que puedes ganar en sorteos; de hecho, es una de las mejores herramientas para captar la atención de tu público. Colaborar con otros influencers para hacer sorteos no sólo te permitirá llegar a mucha gente, sino que también animará a la gente a recomendar tu plataforma a otras personas. Cuando los influencers se reúnen para financiar regalos, mucha gente se siente intrigada y obligada a revisar el contenido y las plataformas de todas las personas influyentes involucradas.

UTILICE LOS RECONOCIMIENTOS COMO TÉCNICA DE COLABORACIÓN: Hacer un reconocimiento de otro influencer en su plataforma y hacer que otras personas influyentes hagan lo mismo, puede aumentar su base de seguidores. ¿Cómo se hace un reconocimiento? Lo haces diciendo algunas cosas agradables acerca de otros influencers en su plataforma y animando a su audiencia a que los vean o los sigan. Muchos influencers han usado esta técnica de reconocer a otros influencers para colaborar y conseguir más seguidores. Tú también puedes usarlo.

HAGAN EVENTOS JUNTOS: Otra manera de colaborar con otros influencers es organizar eventos o reuniones juntos. Estos eventos ayudan a crear conciencia para sus marcas y productos. Cuando organices o asistas a estos eventos, busca todas las oportunidades para promover tu marca y aprovecharlo al máximo. Crea hashtags para el evento, has carteles para tu marca, toma fotos y videos de calidad, todo esto también te ayudará mucho a llegar a un público más amplio.

¿CÓMO DAR EL PASO PARA CONTACTAR A OTROS INFLUENCERS?
Ahora sabes cómo usar técnicas de colaboración para crear mayor presencia. Pero ¿cómo te acercas a estos

influencers para hacerles saber que quieres colaborar con ellos? Realmente quieres hacerlo, pero quizás no sabes cómo dar a conocer tus intenciones. Muchos de estos influencers han construido su canal en base a su carisma y tienen un nicho de mercado tan grande que han ganado la confianza y respeto de su audiencia. Esto hace que algunas personas puedan pensar que son inaccesibles o inalcanzables, pero la mayoría de las veces, esto no es verdadero; cuando les das a conocer tus intenciones de colaboración, muchos de ellos podrían estar dispuestos a ayudarte, e incluso te sorprendería saber que algunos de ellos son realmente bondadosos y muy accesibles. Ahora, ¿cómo se pide una colaboración?

• Envíales un correo electrónico: mucha gente ocupada, especialmente los influencers, toman el correo electrónico muy en serio. Sólo tienes que obtener su email y enviarles un correo formal.

• Mantén el mensaje simple y profesional: cuando busques a un influencer para una posible colaboración, asegúrate de que tu mensaje sea simple, corto y directo.

• Hazles saber que eres un fan: si estás tratando de llegar a un influencer para una colaboración, hazles saber que amas lo que ellos hacen, y que usted es un fan de ellos. Esto les ayudaría a considerar realmente la posibilidad de trabajar contigo.

Pasos prácticos sobre cómo colaborar con otras personas influyentes.

Ahora que hemos visto lo poderosa que es realmente la colaboración, necesitas saber exactamente cómo dar el paso para establecer una colaboración con el influencer de tu elección.

- El primer paso es enviarles un correo electrónico con tus intenciones.
- El segundo paso es proponer grandes ideas sobre qué hacer juntos.
- El tercer paso es reunirse con estas personas influyentes para comunicar tus ideas.
- El siguiente paso es presentarnos en sus plataformas.
- Entrevistarse entre sí.
- Hagan videos y tomen fotos juntos para publicar en sus plataformas.
- Hagan recomendaciones el uno sobre el otro en sus plataformas.
- Organiza eventos o reuniones juntos e invita a tu público.
- Hagan sorteos y den regalos juntos.

Capítulo Cuatro:
Inspirando a tu Tribu

Consigue que tu público se enamore de ti y de tu contenido.

Ser un influencer tiene mucho que ver con ganar la confianza de tu audiencia y hacer que se enamoren de tu contenido. Si quieres que tu público recomiende tu plataforma a otras personas y se enganche totalmente con tu contenido, tienes que crear un vínculo para conseguirlo. Debes ser inspirador e impactante para lograr esto. Las personas que encuentran muy fácil inspirar a la gente son personas encantadoras; saben exactamente cómo llegar a las emociones de su público y se hacen realmente irresistibles. Esto significa que ponen los intereses de otras personas en primer lugar, y se aseguran de que su audiencia se beneficie al compartir sus historias de éxito y sus conquistas. Todos tenemos modelos a seguir: son personas que nos inspiran a ser mejores. Los admiramos incluso desde lejos y

encontramos sus personalidades realmente interesantes.
A veces incluso los amamos hasta el punto de
defenderlos cuando la gente dice cosas malas de ellos.
Esto es porque nos INSPIRAN. Ahora, veamos cómo
puedes inspirar a tu tribu y hacer que se enamoren de ti.
Para inspirar a tu tribu, debes tener en cuenta lo siguiente.

Concéntrate: Esto puede sonar muy obvio, pero a mucha
gente le resulta muy difícil concentrarse. ¿Cuántas veces
has abandonado un proyecto que al principio te parecía
realmente interesante y que ahora se ha convertido en
otro completamente diferente? Recuerdo cómo muchos
de mis compañeros encontraban una actividad en
particular realmente interesante al principio sólo para
abandonarla por algo nuevo. Esto sucede todo el tiempo;
a veces tendemos a perder la concentración. Puede ser
una pérdida de interés o una pérdida de visión. Esta es la
razón por la que la gente tiene muchos proyectos
inconclusos. Aparentemente, si quieres inspirar a tu tribu,
tienes que concentrarte en tus metas definidas y no
desviarte de aquello por lo que eres conocido. Si eres un
deportista influyente, no tienes por qué escribir contenido
sobre la administración de tu patrimonio. Tu público
probablemente se desilusionaría si haces esto. Debes de
permanecer enfocado y consistente para ser una
inspiración para tu audiencia. Hazles saber a la gente que
eres un experto en lo que haces; no vas a querer hacer un
poco de todo y un maestro de nada. Aunque puedes estar
tentado a hablar de cosas que no tienen nada que ver con
lo que acostumbras, si sientes que debes transmitir el

mensaje, asegúrate de disculparte por haberte desviado y menciona que no vas a estar publicando algo inusual a menos que consideres que puede ser benéfico para ellos.

Tu objetivo debe de ser mantenerte auténtico: Si sientes la necesidad de inspirar a tu tribu, vas a querer llegar a las cuerdas del corazón de tu público y ganarte su confianza y lealtad completa. Para hacer esto, tienes que mantenerte genuino y ser original. Deje que vean a través de ti y sepan exactamente quién eres. Vas a necesitar ser completamente honesto para hacer que tu audiencia confíe ti y se enamore de tu contenido. Todos conocemos a gente cuya personalidad nos atrae. Ahora pregúntate si todavía admirarías a esa persona si cambiara o intentara ser otra persona por completo. Por supuesto que no; nos enamoramos de la manera de ser de las personas cuando sabemos casi todo sobre ellas. Inclusive no dejamos de amarlos cuando conocemos sus debilidades. Esto se debe a que la gente ama a la gente genuina y auténtica. Y este es el tipo de relación que necesitas establecer con tu tribu. Ahora, ¿cómo nos mantenemos auténticos? Tu primer paso para ser auténtico es aceptarte a tí mismo, a tus valores y a tus creencias. No comprometas tus estándares para encajar o complacer a un grupo de personas. Ellos son tus estándares; probablemente has vivido de acuerdo a ellos toda tu vida; y deben de ser valorados por las personas que te rodean. Por ejemplo, si crees en la igualdad de los derechos humanos, también debes tratar a las personas por igual. Así es como se puede ser auténtico. También puedes trabajar en tu autenticidad dejando amigos que hacen cosas que tú no harías o cosas que consideras poco éticas. Por ejemplo, si tus amigos fuman y tú no lo haces, o si lo consideras incorrecto por ciertas razones, nunca te sientas obligado a comprometer tus estándares para complacer a sus egos o hacerlos felices. Para permanecer auténtico, también necesitas expresar tus pensamientos y sentimientos sin importar lo que otras personas piensen. Mereces ser escuchado; no tengas miedo de hablar. Tu tribu se inspirará siempre que hagas esto. La gente desarrolla un sentido de admiración hacia la gente segura de sí misma. Todo el mundo ama a las personas asertivas, y esto te hará sobresalir y ser único. Otra forma de ser auténtico es compartir información personal sobre ti mismo y dejar que tu público se relacione contigo.

Ofrecer ayuda: Si usted piensa que la razón principal detrás de la influencia es conseguir una gran base de seguidores y forzar su opinión en la garganta de la gente, entonces usted está totalmente equivocado. Si quieres que tu tribu se inspire en tu contenido, tienes que asegurarte de que estás añadiendo algo a sus vidas y haciéndoles sentir valorados y apreciados por ser parte de tu marca. Una excelente manera de hacer esto es ofrecer una mano amiga a su audiencia. Podrías pedirle a las viudas o huérfanos que se identifiquen, y puedes ayudarlos a tu manera. No tienes que ir más allá de tus límites; debes hacer lo que puedas dentro de tus capacidades, y esto te hará ganar el corazón de tu tribu y hacer que te amen y tengan un profundo sentido de respeto por ti.

Haga una reunión y salude a su público: Si quieres
conectar con tu tribu o audiencia a un nivel más
individual, deberías intentar que te conozcan en persona
para crear relaciones personales. Hacer un encuentro y un
saludo no sólo ayudará a que su audiencia se sienta como
una parte importante de su marca, sino que también hará
que lo consideren como un amigo después. Esto es
exactamente lo que necesitas para mantener una relación
amistosa con tu tribu. Hacer una reunión y saludar
funcionará a su favor; establecer relaciones personales
con su público ayuda a inspirar a su público.

Organiza chats en vivo: Para inspirar a tu tribu, necesitas
desarrollar una conexión con ellos tal como se indica en
el punto anterior. Una manera fácil de hacer esto es
organizar charlas en vivo y responder a las preguntas que
puedan tener a través del uso del humor, el intercambio
de ideas, y simplemente fluyendo junto con su audiencia.

Ayuda a anunciar algunos de los negocios de tu audiencia:
Ayudar a publicitar los negocios de tus seguidores en tu
plataforma de forma gratuita es también una gran manera
de inspirar a tu audiencia. Esto significaría mucho para
ellos y les haría amarte y respetarte más, porque
demuestra que realmente los valoras a ellos y a sus
intereses al tomarte el tiempo de anunciar su negocio
gratuitamente. Debes hacer esto de vez en cuando ya que
es una gran manera de dar valor de regreso a tu público.

Cuenta tu historia: Una gran manera de inspirar a tu tribu es compartir tu historia con ellos. Cuéntales sobre cosas que podrían inspirarles. No aburras a tu audiencia contándole historias innecesarias; no necesitamos saber cómo te creció tu primer diente. Sólo diles cosas que creas que deberían saber. Deja que tu público sienta que ya te conocen. No les ocultes cosas: si estás casado, no pintes la imagen de una persona soltera. Rompería los corazones de tu audiencia si se enteraran de lo contrario. Estos pequeños detalles cuentan. Influenciar a la gente es tener un lugar en sus corazones; impactar a la gente es tocar los acordes de sus corazones y crear una sombra de sí mismo en sus vidas. Para pasar un mensaje a tu audiencia, debes de captar su atención. Una gran manera de captar la atención del público es contar tu historia. Tu historia podría ser la llave que conecte y empiece la relación con la otra persona, no tengas miedo de compartirla.

Lleva a tu audiencia a través de un desafío: Si aceptas un desafío y llevas a tu audiencia contigo, los inspiras haciéndoles ver cómo comenzaste el desafío y dejándoles que te vean a ti también a través de la línea de meta. ¿Qué significa esto? Significa que podrías aceptar un desafío de pérdida de peso y dar a conocer tu intención con tu público. Llévalos contigo mostrándoles videos de tus entrenamientos y todo lo demás. Diles cómo te sientes, y demuéstrales cómo lo haces; cuando obtengas el resultado deseado y lo comuniques a tu audiencia, ellos se sentirán felices porque fueron parte del desafío y pueden sentirse inspirados para hacer lo mismo también. No tiene que ser necesariamente un desafío de pérdida de peso; hay varios otros tipos de desafíos que podrías realizar.

Sé complaciente: Cuando tu audiencia te busque para obtener un consejo, debes tratar de no desairarlos, ya que esto podría causarte la pérdida de tus seguidores y la pérdida de su amor y confianza. Hay que escucharlos y prestar atención a sus intereses, aconsejarlos cuando sea necesario y sentir empatía con ellos cuando sea necesario. Ser complaciente significa que tienes que sacrificar tu tiempo para prestar atención a las necesidades de otras personas y ponerlas en primer lugar. Aprender a ser complaciente con las personas ayuda a inspirarlas y a alimentar su confianza. Para hacer de tu tribu un grupo de personas felices y satisfechas, necesitas llegar a tu audiencia y ser complaciente con ella.

Mantente emocionalmente fuerte: Es posible que te preguntes cómo es que mantenerse emocionalmente fuerte te ayudará a inspirar a la gente, o la conexión entre ustedes, pero la realidad es que si hay una conexión. Para servir de inspiración a las personas, primero debes trabajar en tu propia estabilidad emocional. Esto se ve a través de la forma en que manejas a las personas que te critiquen. Si tienes el hábito de golpear siempre a la gente que te arrastra, puede tener un efecto negativo en tu público, ya que esto podría representarte como un débil y como alguien emocionalmente inestable. Inspirar a la gente significa que quieres predicar un mensaje, y para hacer esto, necesitas vivir con el ejemplo. Cuando la gente te acosa o dice cosas negativas sobre ti, necesitas usar el poder del silencio; el silencio no te hace estúpido, sólo te hace ser maduro, y eso te ganará un profundo respeto de tu audiencia. Incluso, podrías responder a algunas personas con comentarios agradables; la gente se daría cuenta de ello y te respetaría por ello. Recuerda, eres una influencia social; algunos detractores definitivamente se enorgullecerían de ver cómo fracasas, pero para alcanzar tus metas más rápido, necesita ignorar todas las distracciones y concentrarse en tus metas bien definidas.

Educa a tu público: Educar a tu audiencia no significa que tengas que recibir un pizarrón y un gis; significa que debe de haber un mensaje detrás de todo el contenido. Antes de publicar en tus plataformas, pregúntate qué puede ganar su audiencia con tu contenido. Necesitas asegurarte de que cada puesto sea beneficioso. Si encuentras algo útil o algo que podría ayudar a tu audiencia de cierta manera, no seas egoísta; compártelo con tu audiencia. Pon enlaces en algunos artículos útiles que podrían educar a tu audiencia. Comparte tus últimos hallazgos con ellos y asegúrate de que hay algo que aprender en cada uno de ellos. Cuando eduques a tu público, no fuerces a la gente a que te quiera o a que se sienta inspirada; simplemente educa de manera simple y natural.

PASOS A SEGUIR PARA INSPIRAR A TU TRIBU.

Después de leer este capítulo, te sentirás realmente apasionado y listo para inspirar a tu tribu o audiencia. Para poner la bola en marca, aquí están los pasos que debes de seguir.

• Sé auténtico dejando que tu público vea a través de ti. No intentes ser otra persona. Mantén tu contenido muy honesto.

• "Deje que tu audiencia te conozca en un nivel más personal, contando tu historia, teniendo una reunión y saludando de vez en cuando o dando charlas en vivo con ellos.

• "Mantente genuinamente interesado en tu audiencia relacionándote bien con ellos, anunciando tus plataformas y dándoles consejos cuando se acerquen a ti.

• "Educa a tu audiencia compartiendo cosas nuevas y haciendo que cada mensaje tenga sentido.

• "Inspira a tu audiencia asumiendo un reto y llévalos a lo largo de todo el proceso.

• "Cultiva una actitud inspiradora mediante el cuidado genuino de las personas y se complaciente.

Capítulo Cinco:
Atrae al público ideal

Aprende cómo llegar a la gente que se identifique con tu contenido.

Uno de los factores clave para comunicarse con mucha gente es encontrar y atraer a tu público ideal. Ser un influencer llegar tu público ideal, pero tu contenido puede no ser para el consumo del público en general. Necesitas saber cómo llegar a la audiencia correcta. Las siguientes técnicas te ayudarán a atraer a los seguidores correctos y a conseguir a las personas que pueden vibrar junto con tu contenido.

CONOCE A TU PÚBLICO OBJETIVO: Lo primero que hay que entender para atraer a la audiencia ideal es primero definir quién es tu audiencia. Una vez que sabes esto, atraerlos es mucho más fácil de lo que piensas. Probablemente ya ha escuchado el dicho "Conoce a tu público" más de una docena de veces, así que ahora analicemos lo que esto significa realmente y lo útil que puede ser para un influencer. Tú ya conoces el significado de una audiencia: son las personas que se espera que lean y se beneficien de tu contenido. Así como es casi imposible para un niño de diez años interesarse en temas como "el envejecimiento y cómo afrontar sus desafíos", sería totalmente ridículo para un niño de trece años interesarse en "el cambio de pañales y la atención postnatal", ciertos temas están destinados a un público determinado. Conocer a las personas con las que deseas comunicarte te ayuda a entender, determinar e implementar las tácticas y terminologías correctas mientras te comunicas. Después de haber decidido el tipo de público con el que deseas establecer una comunicación o conexión a través de tu contenido, necesitas saber si has estado atrayendo la atención de su público objetivo hasta ahora y qué tipo de público atrae realmente tu contenido. Una forma de hacerlo es realizar un seguimiento del tráfico de contenido con Google Analytics. Google Analytics le ayudará a averiguar quiénes visitan su sitio y cómo lo están haciendo. Usted quiere saber exactamente qué tipo de personas atrae tu contenido y cómo se enteraron de ti. Pues bien, Google Analytics te ayuda a dejar de adivinar y estar exactamente seguro del tipo de personas que han estado interesadas en tu contenido hasta ahora. Puedes conocer las edades exactas de estas personas: si la mayoría de las personas que frecuentan tu sitio están por debajo de los 40 y por encima de los 25 años, esto te ayudará a comprender que tu público objetivo hasta ahora ha sido gente de entre 26 y 39 años.

Google Analytics también te muestra los países de las personas que visitan tu contenido. Tu puedes saber si la mayoría de los que frecuentan tu sitio son estadounidenses, asiáticos o africanos. Google Analytics también te dice exactamente cómo estas personas llegan a tu sitio y la opción que funciona mejor para ti entre las opciones más comunes: través de la vía directa, orgánica, de referencia, social, de pago, o por correo electrónico. Todo esto se muestra en Google Analytics. También puede mostrarte qué tipo de dispositivos está utilizando tu audiencia y si debes poner tu contenido a disposición de los tres: celular, tableta o computadora. Toda esta información te ayuda a saber si estás atrayendo a la audiencia adecuada y qué hacer para enmendarlo. Si sientes curiosidad por saber cómo utilizar Google Analytics, no te preocupes; se te enseñará todo lo que necesita saber sobre el seguimiento de su tráfico con Google Analytics. Mantén los dedos cruzados y sigue leyendo. Es posible que desees saber si Google Analytics funciona para aplicaciones como Facebook, Instagram o LinkedIn, y la respuesta es Sí. Si has estado usando Instagram o Facebook para tu carrera de influencer, no tienes que preocuparte, porque Google Analytics puede ayudarte a seguir la pista de tu audiencia en estas aplicaciones.

¿CÓMO UTILIZO GOOGLE ANALYTICS?

Si has estado pensando en utilizar Google Analytics para encontrar a tu público, así es como se hace:
- Ve a google.com/Analytics
- Crea una cuenta y has clic en Iniciar Gratis
- Configura una propiedad (su sitio web o aplicación) en tu cuenta de analítica
- Configura una vista de informes en tu propiedad
- Siga las instrucciones para agregar el código de seguimiento a tu sitio web o aplicación móvil, para que pueda recopilar datos en su propiedad de análisis.

Ahora puedes poner las cosas en marcha y encontrar a tu público. Saber exactamente quién es tu público, sus países y el tipo de dispositivo que utilizan.

Cree el contenido adecuado: Después de saber quién es tu audiencia, el siguiente paso para atraer a la audiencia ideal es saber exactamente el contenido correcto que le interesaría a tu audiencia. Necesitas conocer los problemas a los que se enfrenta tu audiencia y asegurarse de que tu contenido proporcione suficientes respuestas a dichos problemas. Al crear contenido, debe hacerte estas preguntas: ¿Resuelve mi contenido cualquier problema que pueda tener mi audiencia', y ¿qué es lo que pueden ganar con este contenido? ¿Qué tan diferente es mi contenido del de mis competidores? Necesitas asegurarte de que tu contenido se refiere a tu audiencia y no a ti. Redirigir la atención hacia ellos hace que tu contenido valga la pena leerlo. Esto le da a tu audiencia la sensación de que tienes sus intereses muy presentes en tu corazón.

También debes asegurarte de que su contenido no se salga de contexto. Para crear el contenido correcto, primero debes hacer una lluvia de ideas sobre las ideas que realmente quieres transmitir, y escribirlas. Asegúrate de investigar exhaustivamente sus ideas con el fin de proporcionar información completa; no querrás parecer que tienes un coeficiente intelectual bajo cuando tu audiencia haga preguntas que no estén incluidas en tu contenido. Asegúrate de que tu contenido esté escrito de una manera muy conversacional y fácil de leer; no incluyas jerga, palabras complejas y adjetivos innecesarios. Asegúrate de que tu contenido sea muy fácil de entender haciendo que tu audiencia se sienta realmente cómoda; asegúrate de que sea lo más sencillo posible. También necesitas saber qué tipo de contenido impulsa el tráfico en tu sitio o blog. Tienes que asegurarte de que cada párrafo comunique tu punto de manera directa y entendible. Asegúrate de que todo el contenido no sea aburrido y conservador. También puedes determinar qué contenido tiene las mejores vistas a través de Google Analytics. Te ayudará a ver el contenido con las vistas de página más altas y a saber qué se está compartiendo. Cuando Google Analytics te ayude a determinar esto, sabrás exactamente en qué está interesado tu público y puedes aprender y aplicar las mismas técnicas a nuevos contenidos.

Ofrecer características únicas: Con el fin de atraer a la audiencia ideal, es necesario asegurarte de que tienes algo diferente que ofrecer a tus lectores. Comprueba lo que otros están haciendo. Investiga lo que tus competidores están haciendo y has las cosas de una manera diferente. Hacer algo diferente no significa que tengas que cambiar tu enfoque, sólo significa que tienes que ser creativo. La creatividad nunca ha sido inútil y aplicarlo a tu contenido como influencer te hará destacar y ser diferente. Establece nuevas reglas y no tengas miedo de tener un poco de ajustes y originalidad; no está mal intentarlo. Cuando aplicas la creatividad a tu contenido, le das a tu audiencia un mensaje que dice "Elígeme a pesar de que hay millones de otros". Una de las principales formas de crear contenido único es adoptar una postura. Sé que esto se ha mencionado a menudo en este libro, pero para dar un salto y atraer a la audiencia ideal, es necesario oponerse a la opinión de la mayoría si sientes que debes hacerlo. Si otros influencers promueven cosas que tu no promoverías o sobre las que te sientes de otra manera, entonces no debes tratar de dejar de lado tus propias opiniones. Tú lo que deseas es una audiencia ideal, y esto te ayudará mucho a atraerla. Tu propia audiencia real vibrará junto con tu contenido y verá las cosas desde tu perspectiva. Una forma de ofrecer un contenido único no es sólo escribir esa idea perfecta y alucinante en tu diario; simplemente permanecerá en tu cabeza o en tu diario si no actúas en base a ella. Conozco a un amigo que tuvo una idea increíble y la compartió conmigo. Fue su propia innovación. La idea era muy bonita, pero no la puso a trabajar a tiempo. La semana siguiente, a alguien se le ocurrió una idea casi idéntica, y mi amigo no podía creerlo. Siguió jurándose a sí mismo que la idea había sido totalmente suya, y se sintió muy decepcionado. ¿Qué pasó con la idea de mi amigo? En caso de que te preguntes si alguien te ha copiado tu maravillosa idea, entonces te equivocas. La verdad es que todo el mundo está trabajando y pensando en cómo mejorar y hacer algo diferente, así que si desarrollas una idea maravillosa, es mejor que no la consultes con la almohada. Ponla a trabajar inmediatamente, porque alguien de un país y clima totalmente diferente podría adelantarse y publicarlo antes de que tú.

Nunca imagines que tu público es como tú: Aunque es muy agradable ser original mientras creas el contenido, muchos influencers cometen el error de asumir siempre que su audiencia siempre razonará como ellos. No olvides que la influencia tiene mucho que ver con el impacto en la vida de las personas, y es un mundo global en el que vivimos hoy en día, donde se llega a personas de diferentes razas, colores, religiones y puntos de vista políticos. Sería muy erróneo asumir que todo el mundo es blanco o negro, o que a todo el mundo le gusta el mismo color que a ti. Crear contenido para una audiencia global significa que hay que tener en cuenta las diferencias en terminología. Estas diferencias existen incluso entre ciudades. ¿Qué queremos decir con esto? En los EE.UU., lo que se conoce como "papas a la francesa" se llama "crujiente" en el Reino Unido. Una vez que conozcas los países de los que proviene tu público a través de Google Analytics, será mucho más fácil identificar estas diferencias. Nunca debes hacer que tu contenido sea ambiguo si deseas llegar a tu audiencia ideal. Para evitar la ambigüedad, debes aprender a mantener tus enunciados cortos y evitar el uso de dobles negativos. No utilice abreviaturas. Al hacer esto, asumirás que tu audiencia ya conoce el significado, y puedes perder la atención de tu audiencia, ya que podrían dejar de leer para buscar el significado de las palabras abreviadas. Si debes de utilizar abreviaturas, debes escribir el significado completo delante de la forma corta. Deshacerse de esta suposición te ayudará a comunicarte claramente para que incluso un vagabundo entienda tu mensaje. Cuando no asumes que todo el mundo comparte tus creencias religiosas o el color de tu piel, también haces más fácil atraer a tu audiencia ideal a través del mundo.

Has que los problemas que tu contenido resuelve sean realmente obvios: Estoy seguro de que a nadie le interesaría leer un contenido que no tiene un objetivo en particular. Cuando nos topamos con una página, un sitio web o un post, lo primero que nos viene a la mente es "¿de qué se trata exactamente este contenido? Desea saber si el contenido trata de moda, deportes, negocios o viajes. Después de revisar cinco mensajes o más y el punto principal detrás del contenido todavía no está claro, puede que pierdas el interés. Esto resulta en una desconexión para tu audiencia, y estoy seguro de que no quieres que tu audiencia pase por eso. Sin embargo, cuando te encuentras desplazándote por un blog o una página que te dice todo lo que necesitas saber sobre la página después de leer un solo post, y todo el contenido grita la razón detrás de su existencia, instantáneamente quieres seguir, leer más y suscribir si es exactamente lo que necesitas. La lógica es muy simple: es como tener que elegir entre una boutique con vidrios polarizados que no tiene cartel ni señalización en el exterior para decirle que se está vendiendo ropa en el interior o una boutique que tiene maniquíes bien vestidos que se muestran a través de vistosos ventanales con grandes y coloridos letreros que dicen: "VENDEMOS ROPA". Una persona sana definitivamente iría para el último, porque mucha gente no podrá asumir lo que tú haces; ellos quieren saber con seguridad y tu tienes que hacer el relato. Deja que tu biografía muestre que esto es exactamente lo que haces. Tu audiencia ideal quiere una solución a tu problema, y tu trabajo es hacerles saber que eres la persona en la que pueden confiar. ¿Alguna vez has encontrado contenido que te ha dado exactamente lo que querías o que te ha parecido realmente interesante, y simplemente te ha desagradado y te has desplazado sin parar? Esto no parece ser lo que haría una persona normal. Cuando encuentras algo realmente intrigante, sea lo que sea, simplemente se arrastra hasta tu corazón y alquila un apartamento allí por el tiempo que todavía lo encuentras interesante. Nunca te quejarías o te desplazarías con indiferencia; seguramente te detendrías para leer más cosas de la misma persona. Esta es exactamente la primera impresión que quieres que tu público ideal tenga de ti. Para poder seguir este principio de atracción, necesitas hacer que el problema que tu contenido resuelve sea realmente obvio.

COMPILAR PREGUNTAS A LAS QUE SU AUDIENCIA REALMENTE QUIERA RESPUESTAS:

Zig Ziglar dijo una vez: "Conseguirás lo que quieres en la vida si ayudas a otras personas a conseguir lo que quieren". Esto simplemente significa que, si realmente quieres atraer a tu audiencia ideal, debes dejar de asumir que conoces las preguntas que tienen en mente. Diles que puedes ayudarlos y obtendrás la audiencia que realmente necesitas. Tienes que hacer de los intereses de tu audiencia tu prioridad si quieres que ellos vibren junto con tu contenido. ¿Cómo se hace esto? Conéctate con tu audiencia a un nivel más personal para llegar a las preguntas en su mente. Una vez que tenga estas preguntas de la vida real de tu público objetivo, lo siguiente es compilar estas preguntas y proporcionarles respuestas. Una cosa que también ha ayudado a muchos influencers a mejorar su relación con su audiencia es pedir una retroalimentación. Cuando te comunicas con tu audiencia y les haces preguntas sobre lo que podrías hacer para entregarles un mejor contenido, no sólo les muestras lo que tu audiencia piensa acerca de tu contenido, sino que también estimulas tu relación con ellos. Esto hace que se sientan realmente valorados e importantes para tu marca. Esto definitivamente te ayudará a atraer a tu público ideal.

PASOS A SEGUIR PARA ATRAER A SU PÚBLICO IDEAL

Ahora que sabes lo importante que es llegar a tu público ideal, debes estar preparado para poner las cosas en marcha para encontrarlos y atraerlos. Los siguientes pasos son el resumen de las formas destacadas para atraer a tu audiencia perfecta:

- El primer paso es crear una cuenta de Google Analytics, que te ayuda a realizar un seguimiento del tráfico de tu contenido y saber quién se siente atraído por él.

- El segundo paso es crear un buen contenido. Debes asegurarte de que tu contenido sea fácil de entender y que resuelva problemas. Debes evitar el uso de abreviaturas y jerga, así como la ambigüedad en tu redacción.

- El tercer paso es ofrecer características únicas y aplicar la creatividad para destacar.

- El cuarto paso es erradicar los supuestos. No asumas que tu audiencia ya sabe todo de lo que quiere hablar. Debes tratar de educar y dar explicaciones detalladas.

- El quinto paso es asegurarse de que todos (incluidos los novatos) entiendan el mensaje que hay detrás de su contenido. Deja que los problemas que resuelves se muestren a través de tu contenido. Incluye las cosas que tú haces en tu biografía, para que tu audiencia sepa si es lo que quiere y decida quedarse si está interesada en los servicios que proporcionas.

- El último paso es consultar a tu audiencia para obtener retroalimentación sobre lo que quieren saber y cómo piensan que tu podrías mejorar la calidad de tus servicios.

Adherirse a estas reglas te ayudará en gran medida a atraer a tu público ideal.

Capítulo Seis:
Consigue tus primeros mil verdaderos fans

El capítulo anterior explica en profundidad cómo conseguir tu audiencia ideal, pero en este capítulo, aprenderás cómo conseguir tus primeros mil verdaderos fans. Puede que quieras preguntarte si hay una diferencia entre una "audiencia ideal" y "verdaderos fans". Esta es una pregunta realmente interesante e inteligente, pero no te sorprendas de que haya una gran diferencia entre las dos. Tu audiencia ideal significa simplemente tu audiencia potencial, compradores potenciales y las personas adecuadas para su marca. Sin embargo, cuando hablamos de "verdaderos fans", ellos son las personas que apoyarían tu marca cualquier día, a cualquier hora; son las personas que te recomendarían a sus amigos o le dirían a alguien que acaban de conocer acerca de ti y de tu marca. Todo el mundo a su alrededor sabe que está enamorado de tu producto, de tu contenido y de tu marca. ¿Alguna vez te has preguntado por qué la gente dejaría su propio país para ir a otro país sólo para ver jugar a su equipo de fútbol favorito o viajar largas distancias para asistir a los conciertos de los músicos que tanto aman? Estas personas son apasionadas; están enamoradas de estas personas y de lo que representan y siempre están a favor de ellas. ¿Hay alguien cuya personalidad, producto o marca amas tanto, y no importa cómo te desagraden a otras personas, nunca dejas de amarlos? Por supuesto, todos tenemos por lo menos una de esas personas en nuestras vidas; simplemente las amamos aunque no las hayamos conocido en la vida real. Llamamos a estas personas que tienen una inmensa lealtad en tu marca, contenido y producto, tus verdaderos fans, y todo lo que necesita hacer ahora mismo es imaginarse tener miles de estas personas en tu vida. No apuntes demasiado alto por ahora; estos mil verdaderos fans comprarían cualquier cosa que les vendas, tomarían en serio tus recomendaciones, y nunca bromearían con tus apoyos porque tienen una profunda y genuina lealtad y confianza en tu marca. Muchas marcas como Apple y Nike son un ejemplo típico de esto. Los clientes de Apple comprarían instantáneamente un nuevo iPhone o cualquier otro producto, sin importar lo caro que sea. Esto se debe a lo que Apple representa; cada uno de sus posibles compradores quiere identificarse con lo que Apple representa. ¿Por qué crees que mucha gente exhibe el logotipo de Apple? Es porque desean secretamente identificarse con esta marca que se ha labrado un nicho y una reputación para sí misma. Esto es lo que todo aquel que quiere identificarse con una marca se dice a sí mismo si se da cuenta o no. A veces, no es la marca en sí misma, sino lo que la marca representa. Para algunas personas, un iPhone de Apple representa clase; para otras, es sólo una identidad; para algunas personas, es una tendencia que necesitan seguir, mientras que para otras, es un dispositivo esencial. No importa la razón detrás de esto, una cosa es obvia, estas personas son todas fans de la marca Apple y comprarían cualquier producto que esta compañía ofrezca.

La pregunta de oro, sin embargo, es ¿cómo puedo conseguir que estos miles de usuarios de medios sociales se conviertan en mis fans y se identifiquen con mi marca? Bueno, es por eso que este libro fue concebido, para responder a cada pregunta que tengas. Con los siguientes consejos y recomendaciones, conseguirás que tus primeros mil verdaderos fans salgan de tu audiencia ideal.

¿CÓMO HACER UN "VERDADERO FANÁTICO" DE TU PÚBLICO IDEAL?

CREA UNA IDENTIDAD PARA TU MARCA: Este es un paso obvio. Cualquiera que quiera que la gente se identifique con tu marca debe tener primero una identidad propia. Tener una identidad para tu marca o contenido va más allá de tener logotipos, marcas registradas y un nombre de marca. Esto simplemente significa que tienes que reconocer tu propia voz como marca, y dejar que esta voz resuene en tu audiencia.

Debes de ser capaz de crear una identidad de tal manera que incluso cuando otras personas copien tu contenido, tu audiencia apostaría que originalmente te pertenece a ti. Por supuesto, tener una marca registrada es parte de ello, así como un logotipo único y llamativo. Sin embargo, lo más importante de tener una identidad es tener un estilo propio que destaque y te distinga entre otros influencers. Esto es lo que hacen la mayoría de los escritores, presentadores de espectáculos y muchas figuras públicas. Un fan de Nora Roberts debería ser capaz de reconocer su escritura incluso cuando lee un libro sin título. Esto se debe a que estos escritores adoptan un estilo de escritura que es fácilmente reconocible por sus lectores. Lo mismo se aplica a todas las marcas exitosas: tener a tu voz como marca promueve tu producto, lo exhibe al público y hace resonar esta voz entre los miembros del público. Una marca que no tiene identidad tendrá muchas dificultades para hacer grandes olas y ser conocida en el mercado. Para conseguir tus primeros mil verdaderos fans, necesitas identificar tu propio estilo y destacar como marca.

VENDE ESPERANZA: Una gran manera de conseguir tus primeros mil verdaderos fans es vender esperanza a través de tu contenido. Todo el mundo quiere que se le recuerde que las situaciones incómodas y las cosas no tan grandes pueden mejorar. Por lo tanto, una gran manera de llegar a los acordes de los corazones de tu audiencia es venderles esperanza. Esto se usa de manera irónica, y al vender esperanza, no me refiero a abrir una tienda donde se vende esperanza a la audiencia literalmente. ¿Qué quiero decir con vender esperanza? En cualquier cosa que hagas, independientemente del área de influencia, podrás contar una historia de esperanza a tu audiencia. Si eres un influencer de la moda, debe vender esperanza a tu audiencia ideal haciéndoles saber que la esperanza no se ha perdido, y que tu estás allí para ayudarles a renovar su vida de la moda. Hazles saber que no importa cuántos errores de moda hayan cometido en la vida, tu estás ahí para ayudarles a hacer las paces y puedes hacer iconos de moda maravillosos de alguien que solía tener ningún sentido de la moda. No te limites a decirlo, actúalo, predica el mensaje de esperanza, e instantáneamente ganarás verdaderos fanáticos que estarán listos para permanecer contigo, tu marca, tu contenido y lo que tu representas por mucho tiempo. Si eres un influencer del acondicionamiento físico, vende esperanza a tu audiencia, ayúdales a recuperar la confianza perdida diciéndoles que pueden alcanzar el peso deseado y ayúdales a lograr lo que desean. En una sociedad en la que constantemente se hace que la gente se sienta menos importante, en la que no se aplaude la mediocridad, y a alguien que está haciendo un esfuerzo se le dice que no lo intente, lo menos que se puedes hacer es predicar el positivismo. Hacer esto ayuda a crear un mejor lugar para tu audiencia, y ellos responderán reciprocando tu amabilidad con amor y lealtad extrema. Hagas lo que hagas, no dejes de decirle a la gente que nunca se rinda. Cuando la sociedad quiera que hagan lo que sea, que sean la voz que les recuerde constantemente que "son suficientes y pueden ser cualquier cosa que se propongan ser". Puede que esto no le suene como una teoría o técnica profesional, pero es una teoría probada y de confianza. Cuando la gente ve que tu contenido predica esperanza y positividad, instantáneamente van a querer identificarse con tu marca y también recomendarán tu contenido a alguien más, porque también quieren difundir positividad y estarán orgullosos de lo que tu contenido representa.

PROMUEVE TU CONTENIDO: Para conseguir tus primeros mil verdaderos fans, deberías intentar en la medida de lo posible presentar tu marca a gente nueva y totalmente diferente. Estoy seguro de que ya debes saber que nunca deberías pensar en comprar seguidores. En caso de que te lo hayas perdido, no intentes nunca comprar seguidores. Es tan sombrío, y mucha gente puede darse cuenta cuando lo haces, porque los números nunca van a cuadrar. En lugar de comprar seguidores, podrías utilizar anuncios pagados para impulsar tu página y dar a conocer tu marca a los miembros del público. También puedes publicar tu contenido en revistas populares y pedirle a tus amigos y familiares que lo recomienden. Estas son excelentes formas de impulsar y promocionar tu contenido para llegar a tus verdaderos fans.

NURTRE CADA RELACIÓN: Una manera asombrosa de llegar a tus primeros mil fans es nutrir cada nueva relación que consigues con tu audiencia. Cuando nuevas personas se acercan personalmente a ti, debes de prestarles atención y escucharlos. Podrías usar mensajes automatizados para llegar a nuevas personas que revisan tu contenido; podría ser un mensaje corto de bienvenida o un mensaje del tipo "Gracias por visitar nuestra página y esperamos trabajar contigo"; no tiene por qué ser necesariamente largo y aburrido. Todas las personas que se han tomado el tiempo para revisar tu marca son realmente importantes para usted y para el crecimiento de tu marca como un todo; por lo tanto, necesitas nutrir cada relación con su audiencia ideal, tomándote el tiempo necesario para prestarles atención. Esta es la manera de hacer verdaderos fans de tu público ideal.

PRODUCE GRAN VALOR: Es un hecho que nadie quiere ser identificado con una marca que estafa a la gente para ganarse la vida o una marca que proporciona resultados muy pobres. Con el fin de obtener tus primeros mil verdaderos fans, debes considerar tu reputación en primer lugar. Como dije antes, tus fans son los compradores ideales y potenciales de tu contenido que recomendarían tu marca o contenido a las personas que conocen. ¿Cómo esperas que la gente te recomiende si no produces un contenido de gran valor o calidad? Los verdaderos fanáticos no están interesados en la cantidad; están interesados en lo que tienes para ofrecer. ¿Cuánta calidad tiene tu servicio? Aparte del hecho de que tener contenido de calidad te ayuda a destacar de los demás, le da a tu audiencia la impresión de que estás muy interesado en hacerlos felices y no sólo interesado en lo que ellos tienen para ofrecer. Producir servicios de gran valor y calidad te ayudará a ganar un nombre para su marca y también te ayudará a conseguir sus verdaderos fans.

ESCUCHA Y OBSERVA: Prestar atención a las necesidades de tu público debería ser una prioridad si realmente quieres conseguir tus primeros mil verdaderos fans. Esto es simplemente porque hay otras personas que están haciendo lo mismo que tú, y tu audiencia se identificaría rápidamente contigo si no das por garantizado su interés. Debes de haber escuchado que conseguir tus primeros mil verdaderos fans tiene mucho que ver con tener una larga lista de direcciones de correo electrónico; por supuesto, esto no es una mentira. Para tener esta larga lista de correos electrónicos, tienes que escuchar a tu audiencia, y observar lo que realmente quieren. Saber cuándo no están comprando la idea que estás presentando y ser lo suficientemente valiente como para preguntarles por qué no creen en su idea. Sólo una persona valiente estaría dispuesta a admitir sus errores y pedir las opiniones de otras personas. Definitivamente habrá un momento en que no estés de acuerdo con las opiniones de tu público. Sin embargo, no necesitas ser grosero al respecto; dilo de la manera más amable y respalda tus opiniones con razones tangibles.

SE DEDICADO: La dedicación a lo que haces ayuda a la gente a entender lo importante que es tu trabajo para ti y lo bien que aprecias lo que haces. Para que la gente se enamore de tu marca, tienes que estar realmente comprometido y trabajar duro. Mantente genuinamente interesado en lo que haces; no te canses de leer y conoce gente nueva para expandir tu conocimiento. No necesitas ser un experto en todo en la vida, pero tienes que ser un experto cuando se trata de tu marca; dedicar mucho tiempo a tu contenido como influencer definitivamente te ayudaría a conseguir tus primeros mil verdaderos fans, porque ellos ven cuán dedicado y comprometido eres, y quieren ser identificados con tu marca.

PASOS A SEGUIR PARA CONSEGUIR TUS PRIMEROS MIL VERDADEROS FANS

- Primero debes crear una identidad para su marca; tu logotipo, marca comercial y tema deben de ser impresionantes. También debes tratar de identificar tu propia voz y haz que tu audiencia la reconozca.
- Después de crear una identidad para tu marca, debes vender esperanza enseñándoles a no darse por vencidos y haciéndoles confiar en tu marca si desean un cambio efectivo en sus vidas.
- Debes de promover tu contenido, no comprando seguidores, sino usando anuncios pagados, publicando tu contenido en revistas populares y pidiendo recomendaciones de familiares y amigos.
- Debes utilizar mensajes automatizados para responder a las personas que puedan estar comprobando tu contenido o que le esté llegando por primera vez. Hazles saber lo importantes y especiales que son para ti.

-    Necesitas asegurarte de que entregues y produzcas un servicio de calidad a tu audiencia.

-    Presta atención a tu audiencia escuchando y observando, te ayudará también a conseguir tus primeros mil verdaderos fans más rápido.

-    Por último, necesitas permanecer dedicado y comprometido con lo que haces, ya que a todos les gusta ser identificados con una marca consistente.

Capítulo Siete:
Doce técnicas que necesitas aprender para tener confianza

Doce técnicas para tener confianza que necesitas aprender para comenzar como un influencer exitoso.

Una cosa que todos deben saber es que tener confianza en sí mismos les ayudará en cada área de su vida. A veces, mucha gente crece odiando una parte particular de su cuerpo o incluso crecen deseando hacer algo diferente. ¿Te ves en el espejo y terminas deseando tener la cara y el cuerpo de una super modelo? ¿O a veces sientes que no eres lo suficientemente bueno para tener éxito en lo que haces, o simplemente dudas de tus propios talentos y habilidades? Ya sea que tu propia falta de confianza provenga de no tener el cuerpo deseado o simplemente que estés inseguro acerca de tu carrera, la historia no cambia. La falta de confianza puede privarte definitivamente de tantas cosas. Lo opuesto a la confianza es el miedo, la duda y la inseguridad general. En el momento en que tu confianza comienza a desaparecer, el miedo es bienvenido en tu corazón, y tu simplemente le das una invitación a tu hermosa vida. Cuando el miedo entra en tu corazón, te asustas de tomar acciones que podrían ser productivas, y también empiezas a dudar de tu propio valor y empiezas a decirte a ti mismo que no eres lo suficientemente bueno. Es entonces cuando empiezas a producir resultados que están por debajo de tus estándares habituales. En este capítulo, aprenderá a producir contenido de calidad sin perder la confianza. Cuando las personas seguras de sí mismas entran en una reunión, su aplomo, su apariencia y sus acciones atraen su atención hacia ellas y las hacen aún más enigmáticas. Se ven tan tranquilos, como si no tuvieran ningún problema en la vida. Cuando empiezas una conversación con ellos, te enganchas, y con unas pocas palabras dulces, ya han derretido tu corazón, y no puedes dejar de gustarte. Estas personas tienen a menudo una visión positiva de la vida y una forma de difundir la positividad. No tartamudean cuando hablan, tienen un buen sentido del humor y a menudo tienen una posición en la vida. No se comparan con los demás y sólo tratan de ser las mejores versiones de sí mismos. Forbes reportó una vez que muchas personas exitosas han llegado tan lejos debido a su confianza. Estas personas seguras de sí mismas no tienen miedo de las críticas y saben exactamente cómo manejarlas. Esta capacidad de no rendirse sin importar lo que la gente diga es "confianza" y ha llevado a muchos al éxito. Tú también puedes tener éxito si crees en la confianza hoy en día.

Los capítulos anteriores de este libro se centraron más en cómo mejorar la relación con tu público. Sin embargo, este capítulo en particular estará más enfocado en ti y en cómo mejorar tu nivel de confianza. Para influir en la gente, primero tienes que trabajar sobre ti mismo y convertirte en un buen ejemplo. El tener confianza te ayudará a inspirar respeto y a sentirte bien como persona sin menospreciar tus propias habilidades, a la vez que te ayudará a tener éxito en tu carrera.

Las siguientes técnicas te ayudarán a tener más confianza:

TRABAJA HACIA TUS METAS TODOS LOS DÍAS: Trabajar hacia tus metas todos los días definitivamente te ayudará a sentirte orgulloso de ti mismo. Quizá quieras preguntarte: "¿Cómo puedo trabajar para alcanzar mis metas?" Bueno, no es fácil, pero podrás hacerlo con determinación. Una vez que estés determinado a alcanzar una meta, la visión se vuelve más clara, y cada día se vuelve un paso más cerca de tus sueños. Por ejemplo, tu sueño podría ser llegar a una base de fans de un millón de personas o incluso más. Bueno, no está mal soñar, pero tener una visión sin trabajar duro para alcanzarla sólo convierte tu sueño en una fantasía, y trabajar duro para lograrlo lo convierte en una realidad. Si tu objetivo es llegar a un millón de fans, debes trabajar para alcanzarlo todos los días, aumentando su consistencia y sin perder nunca la concentración. Tener un sueño y trabajar hacia tus metas definitivamente te ayudará a tener más confianza.

NUNCA DETENGAS EL APRENDIZAJE: Si quiere tener confianza en ti mismo, debes aceptar el aprendizaje y no cesar nunca en tu empeño. Convertirte en una persona segura significa estar seguro; muchas personas sienten que las personas seguras son realmente conocedoras. Esto se debe a que parecen saber mucho, incluso cuando no están bien informados en todas las áreas. Esto simplemente significa que no necesitas ser el mejor en todo, sólo necesitas ser el mejor en lo que haces, porque la verdad es que nunca puedes saber todo sobre el mundo, pero deberías tratar de al menos saber algo de casi todo. Si deseas aumentar tus conocimientos, entonces tienes que estar muy abierto a una amplia gama de información. Aprender y nunca dejar de aprender. Ten en cuenta que no estás aprendiendo a demostrar que eres mucho mejor que todos, sino sólo aprendiendo para aumentar tu confianza y tener una perspectiva positiva de ti mismo. Tener confianza le ayudará a desarrollar la actitud ideal hacia la vida. ¿Has oído también que la confianza actúa como una atracción magnética a la hora de atraer a tu audiencia ideal? Los lectores son líderes, y una gran manera de mantener la confianza es nunca abandonar el aprendizaje.

ASEGÚRATE DE TENER UNA VISIÓN CLARA: Si alguna vez sientes que no sabes en qué dirección te diriges en tu carrera, o sientes que simplemente no estás haciendo algo bien, no te des por vencido o te sientas incompetente. Hay una terapia que ha ayudado a muchos empresarios a salir de esta fase; sólo hay que tener en cuenta el panorama general. Asegúrate de que tu visión sea realmente clara, y de esta manera, nunca dudarás de tus propios estándares o habilidades. De esta manera, tu confianza es reforzada y reconstruida, y te sentirás más seguro aunque todavía estés muy lejos de tus sueños. Esto te ayudará a estar centrado, más seguro de ti mismo y a tener éxito como influencer.

DI NO A LA NEGATIVIDAD: A veces lees comentarios de personas que nunca has conocido en tu vida. Inmediatamente compruebas si conoces a esta persona que te odia tanto y descubres que vive en un país completamente diferente. Te podrás preguntar: "¿Por qué me odia tanto? En este momento, deberías recordar el dicho popular: "La gente sólo puede lastimarte con tu propio permiso". Aparentemente, eres el único que tiene el derecho de decidir si quieres ser lastimado por un extraño o no. Sé que quieres preguntar: "¿Y si esta negatividad viniera de alguien de tu círculo íntimo?" Bueno, la respuesta a esto es realmente obvia. Cuando hay gente de tu propio círculo íntimo que se alegra de hacerte sentir menos persona o de que no estás haciendo algo bien, bueno, no me arrepiento de decir que ya es hora de que te despidas de ellos. Despídete de ellos sin mirar atrás, porque no merecen estar en tu vida. Cualquiera que quiera sabotear tu carrera con comentarios odiosos merece verte triunfar a distancia. Por supuesto, es bueno tener críticas constructivas de vez en cuando, pero necesitas saber la diferencia entre consejos y comentarios no solicitados y odiosos. Esta es definitivamente una gran manera de mantenerse seguro y nunca dudar de su propia autoestima y habilidades. En el momento en que alguien dice algo odioso, sé lo suficientemente amable como para no prestarle atención. Te estarás haciendo mucho bien, porque muchas personas que odian a otras personas simplemente están celosas de ellas y amargadas por sus propias situaciones. No te alteres por la desaprobación de otra persona. Otras veces, tu mente puede ser la que da lugar a la negatividad. Cuando esto suceda, detente, porque tú eres exactamente el que alimenta tu mente. Cuando los pensamientos negativos llegan, debes enviarlos de vuelta a donde sea que vinieron, y decirte a ti mismo cosas positivas a solas, leer cosas positivas, mantener amigos positivos, y hablar sólo cosas positivas. Tu lema diario debería ser: "Querido ser maravilloso, soy capaz de tener éxito en cualquier cosa que te propongas". Tú eres tu fan número uno y tu propio motivador; cada cambio comienza contigo y solamente contigo. Cuando permites la positividad, se irradiará a todos los que te rodean.

NO TENGAS MIEDO DE COMETER ERRORES:
Todos luchamos con el miedo de cometer errores. Incluso la gente más segura hace esto de vez en cuando. Hellen Keller dijo una vez: "La vida no es nada o es una

aventura". La vida no es nada sin riesgos. ¿Cómo aprendes a caminar y a pararte firmemente si nunca te has caído antes? Los fracasos en la vida te enseñan la importancia del éxito y te hace aprender de tus errores. ¿Cómo te sientes seguro con el miedo de cometer errores que aún están profundamente arraigados en tu corazón? La verdadera confianza es cuando no tienes miedo de cometer errores, sino que adoptas la actitud que dice: "no importa lo que venga o cuántos errores cometa, estoy hecho para tener éxito". Cultivar este pensamiento te ayudará a tener una perspectiva completamente diferente hacia la vida y te ayudará a no perder su confianza o dudar de tu autoestima. Mucha gente grandiosa ha cometido errores, pero la buena noticia es que tuvieron éxito porque no dejaron de intentarlo. Thomas Edison aprendió las mil maneras en que una bombilla no funcionará, porque falló mil veces. El hecho de que hayas fracasado en algo no te convierte en un fracasado, y la capacidad de tener esto en cuenta te ayudará a tener confianza y éxito en la vida.

NUNCA HAGAS ESPACIO PARA LAS DUDAS: ¿Cuántas veces te has arrepentido después de estar realmente seguro de hacer algo en la vida? A veces pensamos que tenemos nuestra vida resuelta hasta que conocemos a gente que parece muy hábil en lo mismo que nosotros. Parecen mejores que tú, y lo pierdes todo en ese momento: tu seguridad y tu confianza, y dejas que la duda se apodere de ti mismo. Es un hecho que no importa cuán hábil o talentoso seas, siempre te encontrarás con personas que son mejores. No importa lo guapo que seas, siempre habrá alguien que es más guapo. Esto no quiere decir que no eres bueno en lo que haces, sino que tienes que entender el hecho de que siempre habrá otras personas, y cuando alguien mejor que tú viene, no necesitas sentirte inferior; sólo tienes que ser tú mismo y recordar tus propios logros. Recuerda cuántos comentarios maravillosos has recibido sobre tu marca, y levanta la cabeza, y aspira a ser mejor que la persona que fuiste el día anterior sin ninguna duda. Las siguientes preguntas como: "¿Soy capaz? ¿Podré alguna vez tener éxito con mi carrera? nunca deben de permitirse en tu corazón, porque debes recordar lo maravilloso eres en lo que haces, y cómo este mundo te necesita. Tener esto en mente te ayudará a convertirte en una persona segura de ti misma y exitosa.

CELEBRA LOS PEQUEÑOS LOGROS: Puedes convertirte en una persona muy exitosa celebrando los pequeños logros. ¿Deberíamos celebrar los pequeños logros? ¿Tiene sentido celebrar a tus 2 mil seguidores cuando otros están alcanzando los 20 millones de seguidores? Bueno, aquí es exactamente donde entra en juego la confianza; lo que te distingue de la gente que no se siente satisfecha después de varios millones de seguidores es la gratitud. Puede que no suene lógico celebrar tu habilidad para mantenerte alejado de tu teléfono celular o de un chocolate todo el día, pero tú eres el único que sabe lo mucho que éstas pequeñas cosas significan para ti. Celebrar los pequeños logros simplemente te hace más agradecido, y también aumenta tu fe en tus propias habilidades. Te hace entender que, si realmente pudieras tener éxito con pequeñas cosas, entonces tu éxito con cosas mayores debería estar garantizado. Es posible encontrar personas que son realmente exitosas pero que carecen de confianza. Esto se debe a que creen que fueron afortunados, no creen en sus propias habilidades y es posible que estas personas no tengan éxito por mucho tiempo. Para tener éxito y confianza, necesitas ser dueño de tu éxito y tener fe en tus propias capacidades. Esto sólo puede suceder cuando no te olvidas de celebrar los pequeños logros. La próxima vez que encuentres un objetivo, no importa que pequeño sea, podrías recompensarte con algo realmente bueno. Te recuerda lo capaz que eres realmente y te ayuda a tener más confianza en ti mismo.

OBTEN CONSEJOS DE MODELOS A SEGUIR: Todo el mundo tiene a alguien a quien admira como mentor. Estas son personas que ya están donde tu aspiras a estar. Son personas que tu respetas porque tienen éxito haciendo lo que tú quieres hacer. Debes de obtener el consejo de estas personas y pedirles que te digan acerca de las cosas que posiblemente enfrentarás a largo plazo. Estas personas ya han trazado el camino que quieres caminar; también podría preguntarles cómo han trazado el camino y por qué han llegado tan lejos, para que tú no te pierdas y puedas trazar tu camino cuando llegue su momento. Muchos modelos a seguir estarían interesados en educarte y aconsejarte. Cuando tienes el respaldo de sus modelos a seguir o cuando ellos reconocen tu trabajo, esto aumenta tu confianza y te aseguras de ir por el camino correcto. Los consejos que te dan también te mantienen en el buen camino y te ayudan a tomar las decisiones correctas.

MANTEN UNA LISTA DE SUS LOGROS: Mantener una lista de tus logros en un diario hace que tu progreso sea reconocible para cuando llegues a perder la fe y tengas dudas acerca de tu propia autoestima. Revisar los logros ha ayudado a mucha gente a mantener la confianza. Puedes intentarlo también. Te ayudará a mantenerte concentrado.

VALORA LA CONFIANZA Y LA COMPETENCIA: Tener confianza en algo mundano nunca debe ser tu objetivo en la vida. Esto significa simplemente que aprender a tener confianza mientras se producen malos resultados no es algo de lo que nadie debería estar orgulloso. Cuando trabajas en tener confianza, nunca debes olvidarte de trabajar en tu competencia también. La producción de contenido de calidad debe ser tu prioridad como influencer, mientras que tener fe en tu propia capacidad para producir buen contenido debe ser tu segunda prioridad.

VENCE TUS MIEDOS: En esta vida, nacimos con sólo dos tipos de miedos: el miedo a las caídas y el miedo a los ruidos fuertes. Cualquier otro temor en la vida viene con la edad adulta y el desarrollo humano. Si alguna vez quieres mantener la cabeza en alto y sentirte realmente seguro en la vida, tienes que superar cualquier tipo de miedo que tengas. Algunas personas tienen miedo de conocer gente nueva, de dirigirse a una gran audiencia, o incluso del miedo de expresar sus opiniones públicamente. Aunque la llegada de los medios sociales ha hecho posible que mucha gente se esconda detrás de las paredes cibernéticas para expresar sus opiniones con confianza, todavía es necesario dominar el acto de sentirse seguro físicamente. Necesitas aprender a dirigirte a una audiencia con confianza. "Yo intento evitar en la medida de lo posible el contacto visual mientras me dirijo a un público, pero termino mirando por encima de sus cabezas y perdiendo la atención del público mientras me comunico". Si luchas con este tipo de miedo escénico, necesitas superar tus miedos dándote ánimos antes de enfrentarte a una audiencia.

DESCUBRE TU SENTIDO DEL HUMOR: Si alguna vez sientes que nadie te entiende mientras te estás expresando, o si alguna vez sientes que no estás recibiendo la vibración correcta de tu audiencia, o que tu audiencia no está fluyendo contigo, deberías usar el humor para atraer su atención. Esto disminuye la tensión en una reunión y hace que todos quieran escucharte. Mientras usas el humor, también debes aprender a fingir confianza para parecer más seguro. Si pretendes ser feliz, serás verdaderamente feliz. La risa también puede ayudarle a liberar endorfinas y a sentirte más cómodo y seguro.

PASOS A SEGUIR PARA TENER CONFIANZA EN SÍ MISMO

El capítulo explica cómo puedes aumentar su confianza y llegar a ser realmente exitoso en la vida con los siguientes pasos.

-   El primer paso para convertirse en una persona segura es trabajar hacia tus metas todos los días. Cuando das un paso más hacia tus sueños, te sentirás más realizado y con más confianza en la vida.
-   Nunca dejes de aprender si realmente quieres tener confianza en ti mismo. Adquirir nuevo conocimiento y estar bien informado te ayudará a mantener la confianza.
-   Asegúrate que tu visión sea realmente clara para mantener la confianza y el éxito.
-   No dejes espacio para pensamientos negativos o personas negativas si quieres tener confianza en tí mismo. Echa a las personas negativas de tu vida si realmente quieres tener éxito y confianza en ti mismo.
-   Deshazte de tu miedo a cometer errores, ya que este miedo sólo nubla tu sentido de la visión y hace que sea fácil dudar de tus propias habilidades.
-   No permitas que haya lugar para las dudas en tu corazón si quieres mantenerte confiado ya que esto sólo nubla tu sentido de la visión.

- Celebra tus pequeños logros si quieres tener mucha confianza. Tu gratitud con pequeños logros te ayudará a lograr cosas más importantes.
- Obtén consejos y elogios de sus modelos a seguir.
- Lleva una lista de tus logros para que puedas revisarlos cuando pierdas la fe en tus propias habilidades.
- Combina la confianza con la competencia para tener éxito.
- Tienes que superar tus miedos para poder estar realmente seguro de ti mismo.
- Por último, es necesario descubrir tu sentido del humor para mantener la confianza y animar una reunión o conversación aburrida.

Capítulo Ocho:
Cómo hacer dinero con tu cuenta de Instagram.

Instagram fue creado originalmente como un proyecto de medio tiempo por Kelvin Nystrom cuando estaba aprendiendo a programar junto con Mike Krieger. Instagram fue lanzado en el año 2010 cuando 2500 usuarios se presentaron el primer día. La verdadera razón para la creación de Instagram fue con el único propósito de tomar fotos y contar historias. Sin embargo, cualquiera estaría de acuerdo en que Instagram ha ido más allá de esa aplicación de autosuficiencia y se ha convertido en una gran manera de hacer dinero. Para algunas personas, Instagram es la aplicación que mata el aburrimiento y le ayuda a ver lo que sus celebridades favoritas están haciendo, así como una aplicación que te ayuda a mantenerte al día con las nuevas tendencias. Mientras que un montón de gente malgasta tantos datos en mantenerse al día con las celebridades en Instagram y perder un montón de tiempo babeando sobre las imágenes de su "enamoramiento de celebridades", algunas otras personas están ocupadas cobrando dólares en Instagram. Esto se debe a que han decidido monetizar su cuenta Instagram beneficiándose de su gran base de seguidores. También puedes elegir ser una de esas personas influyentes que están creciendo en Instagram. Todo lo que tienes que hacer es tener una gran base de seguidores y un gran compromiso con tu contenido. Esto simplemente significa que tienes que aprender a influenciar y alcanzar a mucha gente. Ahora, veamos cómo puedes ganar dinero con Instagram.

Promocionar productos de afiliados: Independientemente de la industria en la que te encuentres, puedes buscar productos fenomenales que puedas promocionar en plataformas como CLICKBANK o, básicamente, convertirse en un socio de Amazon ganando comisiones mientras promocionas productos de tu elección que se adapten a tu nicho. La mercadotecnia afiliada, el proceso de recibir una comisión o porcentaje mediante la promoción de los productos de otras empresas, ha demostrado ser una herramienta muy benéfica para las personas influyentes y para todos en el negocio en línea en general. Por supuesto, tu podrías estar preguntándote de qué se trata todo esto; si eres nuevo en esta idea, no necesita preocuparse. Tú estarás totalmente equipado con los conocimientos sobre cómo promover productos de afiliados después de seguir las indicaciones de este capítulo. La mercadotecnia afiliada básicamente significa que tienes que recomendar un producto a tu audiencia y lectores usando enlaces de seguimiento personalizados, y luego obtener un depósito de referencia cada vez que alguien hace una compra a través de tu enlace. Hay un montón de maneras de promover los productos de afiliados, y voy a tratar de dar una explicación detallada aquí en este capítulo. Aunque la idea de la promoción de productos de afiliados es hacer dinero, tu debes de estar muy preocupado por las necesidades de tu público, y cómo puede ayudar a las personas que quieren el producto o servicio que estás esperando para promover. Tu puedes utilizar una campaña de medios sociales para la promoción de tus productos de afiliados, esto ha demostrado ser una herramienta eficaz para llegar a mucha gente. Todo lo que tienes que hacer es incluir enlaces del producto que estás promocionando en tu biografía. Instagram no te permite crear enlaces fuera de su biografía, lo que significa que sólo puedes crear un enlace a la vez. Varias compañías de productos generalmente ejecutan programas de afiliados; siempre puedes inscribirte en uno de estos programas, obtener su propio enlace de seguimiento único, escribir reseñas sobre dichos productos, o crear contenido creativo y comercial mientras introduces tu enlace personalizado en el correo. Esta compañía te paga automáticamente cuando alguien visita tu sitio web o compra un producto a través de tu enlace de referencia. Como afiliado, necesitas entender que tú eres quien hace que el marketing suceda al promover la marca y convencer a los posibles compradores para que compren productos de las compañías que estas promoviendo. Ser un afiliado tiene que ver con la creación de conciencia y la publicidad de un producto en particular. Como un influencer que ya tiene una gran base de seguidores, la afiliación es una gran manera de monetizar tu cuenta Instagram, porque no necesitas tener un producto antes de que puedas hacer dinero a través de tus enlaces únicos. Sin embargo, para no perder la confianza que has ganado con tu público, debes conocer los pros y los contras de un determinado producto antes de recomendarlo. Esto se debe a que como influencer, ti eres un marcador de tendencias, y tu audiencia te admira como una inspiración en tu nicho; ellos toman en serio tus recomendaciones y nunca debes poner en peligro o tomar ventaja de esta confianza recomendando productos malos a tu audiencia. Tú tienes que averiguar si el producto es para ellos y también si el producto que estás recomendando es de alta calidad y fácil de usar. También debes de intentar saber si vale la pena comprar el producto a través de otros clientes del producto. También puedes probar el producto por ti mismo para determinar si debes de recomendarlo o no. No des nunca críticas deshonestas sobre un producto sólo por dinero, porque podrías terminar perdiendo el interés y la confianza de tu público.

Promociona marcas y servicios a través de posts patrocinados: Dado que Instagram ocupa el séptimo lugar en la lista de los 15 sitios de redes sociales más populares, tú puedes ganar dinero con Instagram promocionando marcas y servicios a través de mensajes patrocinados. Con el fin de asociarse con varias compañías, tu puede empezar a promover a las marcas y cobrar dependiendo del número de seguidores que tenga. Muchos influencers cobran $10 dólares por cada 1,000 seguidores, mientras que otras personas cobran de acuerdo al número de likes y comentarios que reciben. Para empezar, puedes llegar a marcas más pequeñas o marcas menos competitivas. Puedes enviar a los patrocinadores de tu elección un mensaje directo a través de un correo electrónico explicándoles cómo te gusta su marca y dándoles a conocer el tipo de ideas que tienes para una colaboración. Enviar un correo electrónico puede sonar un poco anticuado, pero es una manera de asegurar que su mensaje sea leído y no se pierda, a diferencia de los mensajes directos. Debes enviar una carta en el correo electrónico indicando quién eres, qué haces y cómo podrías ser una buena opción para la marca. Deberías escribir una carta como esta si no tienes idea de cómo escribirla:

Hola,
Mi nombre es Lois, y tengo una cuenta Instagram (@Lois Jordan). Mi cuenta se centra en la moda y en mantenerse actualizado con la moda. Mi cuenta está basada en mis experiencias relacionadas como diseñador cualificado. Las personas que me siguen son en su mayoría mujeres, y en su mayoría tienen entre 18 y 25 años de edad, lo que parece una combinación perfecta para la audiencia a la que se dirige su público con el marketing. Actualmente tengo 50.900 seguidores y un porcentaje de participación

del 90% en mis publicaciones, y también he sido nominado dos veces para el premio de mejor diseñador. Creo que hay una oportunidad para que nos beneficiemos unos a otros, y me gustaría proponer una asociación. Aquí están mis pensamientos iniciales sobre cómo podría verse eso: (la idea de mensajes, condiciones de pago, plazos, etc.) Quedo al pendiente de su respuesta si cree que mi propuesta podría ser de interés para su marca. Gracias por su consideración.

Lois Jordan

Esta carta de presentación es sólo una muestra para ayudarte a solicitar publicaciones patrocinadas.

VENDE TUS PROPIOS PRODUCTOS: Una gran manera de monetizar su cuenta Instagram es abrir una página de negocios para un producto que vendas y convertir a tus seguidores en clientes potenciales. Para hacer esto, tienes que tomar fotos de calidad, atractivas, y aprovechar la capacidad de contar historias en Instagram incluyendo subtítulos muy convincentes en tu producto. Mucha gente también gana mucho dinero con el envío a domicilio en Instagram. Tú puedes llegar a muchas personas en Instagram, y es muy fácil para las personas influyentes, especialmente para comercializar tu propio producto, porque ya tienen una gran base de seguidores que confían en ellos y creen tanto en ellos.

VENDE FELICITACIONES: Hacer felicitaciones por dinero es una gran manera de monetizar su cuenta Instagram. Todo lo que tiene que hacer es publicar las cuentas, productos o servicios de otras personas en su propia cuenta Instagram para impulsar a otras personas mientras cobra una tarifa por hacerlo. En general, cuando tienes muchos seguidores y una alta tasa de participación en su cuenta Instagram, mucha gente se acercará a ti para felicitarte, porque quieren que compartas sus productos y servicios con su propia audiencia con el fin de llegar a más gente.

Pasos a seguir para monetizar su Instagram

El primer método para monetizar tu Instagram es promover los productos del afiliado creando conciencia a través de enlaces de referencia en tu biografía. Te pagan cuando la gente pasa por tu enlace único para comprar ciertos productos de las marcas que estás promocionando.

El segundo método popular para ganar dinero en Instagram es asociarte con ciertas marcas a través de mensajes patrocinados escribiendo mensajes convincentes, creativos y estratégicos en tu página con el fin de convencer a tu audiencia para que patrocine tales marcas.

El tercer método para ganar dinero en Instagram es vender tu propio producto ya sea teniendo una tienda en línea o simplemente abriendo una cuenta comercial.

El último método es cobrarle a la gente por dar felicitaciones por su contenido, producto o servicio para ayudarles a hacerlos notar por su propia audiencia.

Capítulo Nueve:
Cómo hacerte famoso como influencer en Instagram

Alcanzar el estrellato como influencer puede ser un poco frustrante y consumir mucho tiempo. El hecho de que estés seguro de que eres mejor que muchas personas influencers que se están haciendo grandes en su nicho puede ser realmente molesto. Quiero decir, sabes que tienes lo que se necesita, conoces los trucos, tienes un contenido bueno y cautivador, pero no estás consiguiendo la fama que te mereces. Si bien puede ser autocomplaciente que tu nombre aparezca en todas las plataformas populares y que sea realmente popular por lo que haces, todos los influencers quieren ser notados cuando entran en restaurantes al azar, centros comerciales e incluso cines, como ese "influenciador interesante" en Instagram, y la sensación es innegablemente hermosa. Sólo quieres ser notable por ser excepcional, y no es mucho pedir.

Sin embargo, debes entender que "fama" e "influencia" son dos palabras completamente diferentes. La influencia es la capacidad de afectar, controlar o manipular algo o a alguien -la capacidad de cambiar el desarrollo de cosas fluctuantes como la conducta, los pensamientos o las decisiones, según el Diccionario de Oxford-, mientras que la fama es básicamente el estado de ser famoso o conocido y del que se habla. ¿Por qué estoy dando las definiciones de estas palabras? ¿Puedes decir la diferencia técnica entre estas dos palabras y el punto al que quiero llegar? Bueno, lo que estoy tratando de decir es que ser un influencer tiene mucho que ver con cambiar y dar forma a los pensamientos de los seres humanos. Puesto que la mente humana no es un juguete, requiere mucho trabajo y energía para influir; esto significa que tu principal objetivo como influencer no debe de ser "hacerse famoso", sino "influir en la mente humana de la manera correcta y hacerlo eficazmente con el contenido correcto". Tu puedes hacerte famoso mientras impactas e influyes en la mente humana al mismo tiempo. Sólo se necesitan ciertos trucos y métodos para hacer esto. Esto no quiere decir que no estés haciendo lo correcto, sólo significa que tienes que mejorar tu juego apegándote a ciertas reglas, técnicas y métodos para conseguirlo. Adhiriéndote a las siguientes reglas podrás emprender tu camino de ser una persona influyente a nivel mundial. Ahora siéntate, relájate y asegúrate de que todos los métodos de este capítulo sean estrictamente digeridos, comprendidos y bien implementados. ¿Realmente no puedes esperar a ser ese influencer que todos esperan ver y hacer que la gente se enamore de ti, de tu marca, de tu personalidad y de tu contenido? Entonces tienes que seguir las reglas establecidas aquí:

Asegúrate de que tu biografía esté actualizada: Asegurándote de que su biografía esté completa te prepara para tu viaje hacia la "dominación global". No hay exageraciones aquí; bueno, tal vez sólo un poco de exageración, pero de hecho, tener tu biografía completa realmente le da a alguien que está visitando tu página por primera vez una idea de lo que haces. Asegúrate de que tu biografía no sea aburrida, sino cautivadora. Si vas a utilizar Instagram para tu carrera de influencer, no tener una biografía personalizada hace que tu cuenta Instagram esté incompleta. Hacer una biografía única tiene que ver con el uso del espacio limitado que tienes para crear algo realmente creativo y alegre, y va a ser la primera impresión que tus seguidores necesitan tener de ti para poder presionar el botón de follow. Tú comienzas por presentarte, lo que haces, tu ubicación y el propósito de tu cuenta de Instagram. También puedes utilizar una de tus citas favoritas o simplemente llamar la atención a través de una cita original o una breve reseña. Tu biografía también debe incluir una foto muy bonita de ti o de qué se trata tu página. Asegúrate de que la imagen que elijas sea de una calidad muy agradable y lo suficientemente cautivadora como para atraer visitantes a tu página; también puedes usar un logotipo que sirva de identidad para tu marca. Ya que Instagram sólo te da 150 caracteres para llenar tu biografía, tienes que asegurarte de que llame la atención y de que sea atractiva y directa. También puedes consultar a los usuarios populares de Instagram y obtener ideas al leer su biografía. También puedes usar caritas (emojis) para describir lo que haces si no se te ocurre algo creativo o único.

SIEMPRE INCLUYE SUBTÍTULOS: Una cosa que hace a la gente famosa en Instagram es la capacidad de ser realmente expresiva. Aunque puedes promocionar tu marca a través de habilidades visuales, siempre es incluir subtítulos en tus mensajes. Si no deseas escribir descripciones extensas, puedes decir algunas cosas sobre las imágenes en lugar de dejar los subtítulos totalmente fuera. El uso de subtítulos puede hacerte famoso, porque es lo que le dice a tu audiencia cómo piensas, cómo funciona tu mente y el tipo de mensaje que tienes que transmitir. Deberías usar subtítulos interesantes y creativos, pero no necesitas usar demasiados clichés o charlas aburridas. Tus subtítulos pueden ser graciosos o simplemente utilizados para dar un poco de detalle sobre tus fotos y los eventos y circunstancias que rodean a las fotos.

UTILIZA APLICACIONES DE EDICIÓN DE FOTOS PARA HACER QUE TUS FOTOS SE VEAN INCREÍBLES: Todo el mundo estará de acuerdo con el hecho de que tener buenas fotos en tu página de Instagram puede captar la atención de tu audiencia. Aunque es esencial tomar fotos de calidad con una buena cámara o un iPhone muy bonito, también puedes editar tus fotos con varias aplicaciones de fotos para asegurarte de que sean realmente atractivas. Por razones desconocidas, las imágenes con la etiqueta "No Filter" parecen tener más gustos que las imágenes filtradas en Instagram. Sería bueno usar otras aplicaciones de edición de fotos para editar tus fotos si no quieres usar ninguno de los filtros. Hay un buen número de aplicaciones de edición de fotos que deberías probar. Incluyen Photoshop Express, Snap Seed, Camera+, Afterlight, Visco Cam, Nour Photo, Color Splash, etc.

ETIQUETA LA UBICACIÓN DE TUS FOTOGRAFÍAS: Cuando tomes fotografías en ciertos lugares, debes tratar de incluir la ubicación en el pie de foto etiquetando tu ubicación en la imagen. Esto permitirá que tu foto aparezca cuando la gente busque la ubicación que has etiquetado. Debes hacer esto con frecuencia, especialmente cuando estás visitando un nuevo lugar; esto permitirá que las personas en la misma área geográfica puedan encontrar tu cuenta fácilmente.

DESARROLLA UN HASHTAG PERSONAL: Crear tu propio hashtag personal puede ganarte algo de fama o popularidad. Primero, debes saber lo que es un hashtag - es simplemente una palabra que viene después del signo numeral (#). Debes de haber visto un montón de influencers populares Instagram o celebridades que utilizan un montón de hashtags. La idea detrás del uso de hashtags es hacer que sea fácil encontrar tu página y hacer que tu contenido aparezca bajo este popular hashtag.

Esto no quiere decir que debas usar hashtags que no estén relacionados con tu nicho o que no sean adecuados para tu contenido. Sin embargo, sólo debes tratar de asegurarte de que utilices más hashtags que menos, y también desarrollar un hashtag muy único para tu marca que hace que sea fácil para la gente encontrarte. Por ejemplo, eres conocido por hornear, y tu nombre de marca es Katie, podrías usar el hashtag #katiegalletas o #katiepasteles hasta que el hashtag se pegue. Esto es exactamente cómo crear hashtags personales. Los hashtags también aumentan tus posibilidades de que los visitantes sigan tu cuenta, ya que hacen que tu página aparezca cuando se hace clic en estos hashtags. Una cosa que también deberías notar es que en el ejemplo del hashtag que di arriba, #Katiegalletas, nunca debes puntuar tu hashtag cuando lo uses; todas las palabras en tu hashtag deben estar deliberadamente sin espacios. Tu hashtag tampoco debe ser una frase larga, sólo un par de palabras bastarán. El número máximo de hashtags que puedes usar en Instagram es de treinta y dos, y no deberías exceder este límite, aunque es aconsejable usar muchos hashtags para asegurarse de que tu página sea notada. Después de crear tu propio hashtag, debes pedir a tu familia y amigos que promuevan tu hashtag mediante su uso, y también debes tratar de promoverlo tu mismo mediante tu uso en diferentes sitios de redes sociales.

NO OLVIDE EL PODER DE CONTAR HISTORIAS: Este libro pone mucho énfasis en el acto y el poder de las historias. La verdad es que la vida misma es una historia;

para llegar a ser famoso como un influencer, debes de está trabajando con la mente humana, y no hay mejor manera de hacer esto que contar historias emotivas y cautivadoras. ¿Quieres que la gente esté realmente enamorada de tu contenido? Entonces déjalos que se vean a sí mismos en las historias que cuentes; ellos quieren ser educados, inspirados y entretenidos. El poder de la narración de historias te ayudará a lograr esto a través de una experiencia directa del corazón. Todo el mundo tiene una historia. Todos tenemos buenas historias, historias desgarradoras y dolorosas, y como tenemos mucha gente en este mundo, no te sorprendas de que alguien en algún lugar esté pasando o haya pasado por lo que tú también has pasado, y aquí es exactamente donde entra en juego la originalidad. Cuando cuentes historias auténticas, la gente te escuchará (la atención que necesitas) y se verá obligada a contarte sus propias historias (el compromiso que ansías por parte del público). Estarán deseando leer más historias tuyas (y aquí está la fama que tanto deseas). Las redes sociales te han dado una voz; no tengas miedo de contar tus historias de una manera entretenida. Si piensas que no eres un buen escritor o narrador de cuentos, podrías simplemente tomar una experiencia del día anterior o de un evento reciente. ¿Qué quiero decir? ¿Qué tal lo que pasó en el supermercado el otro día? ¿Ese amigo con el que te encontraste y fingiste que no te conocía por orgullo o estatus? Bueno, no estoy diciendo que esto es exactamente lo que te pasó a ti, todo lo que estoy diciendo es que podrías escoger algo de tu experiencia diaria; hay mucha gente ahí afuera que puede identificarse con el hecho de ser rechazado por un amigo. Cuando compartes los tuyos, les das la oportunidad de detenerse y prestarte atención y relatar tus experiencias dejando un comentario. Instantáneamente se sienten como si ya tuvieran algo en común, porque fueron capaces de relacionarse contigo a nivel personal. Tu historia puede ser un evento humorístico o hacer uso de memes, pero la idea de contar historias nunca ha sido tan mala.

TRABAJA EN TU FLUIDEZ: Aunque expresarte es una idea maravillosa, debes tratar de expresarte correcta y fluidamente. No uses una palabra si no estás seguro del significado de tales palabras; asegúrate de que tus oraciones sean gramaticalmente correctas y asegúrate de que transmitan el significado exacto que deseas transmitir a tu audiencia. Mucha gente se cansa de leer frases incoherentes con un significado ambiguo. Tu no quieres ser conocido por usar las palabras equivocadas, así que construye tu vocabulario y asegúrate de comunicarte de la manera correcta. Sin embargo, tu contenido no debe ser sobre la gramática en sí, debe ser emotivo y expresivo. Esto significa básicamente que tienes que combinar la originalidad con la fluidez para interesar a tu público y captar su atención. Tú descubrirás que muchas personas populares en Instagram son muy buenas en expresarse correctamente y con fluidez.

INTERESATE REALMENTE EN LO QUE HACES: Si realmente quieres fama como influencer, como cualquier otra carrera, necesitas estar realmente involucrado en lo que haces. Deja que la gente vea lo involucrado que estás en lo que haces. Conoce qué es lo que te impulsa y encuentra ese impulso e inspiración. Deja que tu pasión se manifieste a través de tu contenido y mantente interesado en todo lo que te involucras al ser un influenciador. Encuentra tu propia voz y úsala en tu propio beneficio. No tengas miedo de expresarte y a mostrar tu pasión, a elevarte más allá de las limitaciones y dejar que la gente vea lo que realmente quieres ofrecer a este mundo. Cuando la gente ve la pasión que te impulsa, se interesan genuinamente en tu sueño y te ayudan a alcanzar el éxito como un influencer.

CREA NOTICIAS ENCANTADORAS: Si quieres hacerte famoso con Instagram, una de las primeras cosas que nunca debes olvidar es la necesidad de crear noticias encantadoras. ¿Qué quiero decir con noticias encantadoras? No te pido que consigas una varita mágica de Cenicienta para hacer una noticia encantadora; todo lo que tienes que hacer es asegurarte de que tu noticia sea fascinante y atractiva. Hay muchas maneras de hacer esto. A nadie le gusta visitar una página que está llena de noticias desagradables o aburridas. No quieres que la gente considere tu página desagradable en su primera visita, ¿verdad? Estoy seguro de que nadie lo quiere. Usar plantillas llamativas y hermosas en tu página de Instagram te motiva a publicar más seguido y a obtener más seguidores. Debes de usar letras y recuadros diferentes para asegurarte que tus publicaciones sean llamativas. Puedes tener diferentes ideas sobre cómo mezclar estos colores cambiándolas noticia tras noticia hasta que sea lo suficientemente colorido como para atraer a tu público. También puedes usar recuadros o cuadrículas en donde los cuadrados encajen con tu publicación de forma perfecta, como si fuera un rompecabezas. Aquí es donde puedes usar diferentes cuadrados que se superponen y hacen que las imágenes se separen o se unan con los diferentes cuadrados. Estos recuadros te permiten ser realmente creativo mientras haces que tus imágenes en Instagram sean lo más encantadoras posible. También puedes usar una cuadrícula vertical; esta cuadrícula vertical te permite publicar tus fotos en líneas verticales, es realmente interesante, y creativo. Otra cuadrícula distintiva que debes tratar de hacer utilizar triángulos en tus noticias, en donde pones tus imágenes en cada triángulo y le das a tu publicación un aspecto totalmente diferente. Algunas personas no creen que sea necesario tener un formato atractivo, pero es muy importante tener uno. Da una primera impresión realmente maravillosa a tu audiencia y también les da la impresión de que te tomaste tiempo para crear algo hermoso para tus seguidores. Es una gran impresión y muestra tu lado creativo al mismo tiempo que refuerza tu imagen de la marca. La belleza de Instagram es que lo que te permite expresar tus ideas visuales y creatividad. Una gran manera de tomar ventaja de esto es construyendo publicaciones encantadoras y fascinante con el uso de las plantillas.

CREA CONTENIDO CON SUSTANCIA: La razón principal detrás de tu contenido debe ser el "impacto".

Para lograr un contenido impactante, debes asegurarte de que tu contenido no carezca de sustancia. Tienes que asegurarte de que la calidad supere a la cantidad a la hora de crear tu contenido. Todo el contenido debe ser beneficioso para tu audiencia.

SE CONSISTENTE: Si quieres ser famoso como un influencer en Instagram, no puedes ser del tipo de persona que entra y sale. Debes de practicar el acto de consistencia y asegurarte de publicar todos los días. No hagas que sus seguidores o audiencia esperen mucho tiempo antes de saber de ti. No es necesario que publiques cualquier cosa, lo que no tiene sentido, porque quieres seguir siendo relevante, pero necesitas publicar tan a menudo como sea posible. Es imposible que tu público se olvide de tí cuando escucha de tí con frecuencia.

USA EL MÉTODO "LLAMAR A LA ACCION": Esto significa que necesitas decir en términos claros lo que realmente quieres de tu audiencia. Podrías decir algo como: "Deja un comentario si te gustó esto", "da click" o "contesta la pregunta". Un ejemplo de esto es el uso de la intriga; puedes dejar intrigado a tu audiencia escribiendo una historia corta llena de suspenso a mitad de camino mientras los haces esperar para la siguiente parte diciendo cosas como, "Muy pronto..." o, "Espere a mañana...". También puedes animar a tus seguidores a que etiqueten a sus amigos en tu mensaje. Puedes decir: "Activa las notificaciones de las publicaciones..." También debes utilizar flechas para dirigir a tu audiencia a un enlace. Tu llamada a la acción no debe ser exigente o dominante; debes asegurarte de que haya algo benéfico para tu audiencia en cada llamada a la acción. Por ejemplo, podrías decir "Seguiré a las primeras 20 personas que comenten", o "Activa tu notificaciones del canal para que no te pierdas el sorteo que voy a hacer más adelante".

NUNCA COMPRES A TUS SEGUIDORES: No importa lo desesperado que estés por tener éxito, nunca debes de comprar seguidores. Hacerse famoso puede ser muy difícil, especialmente si estás empezando y no estás recibiendo la atención y la fama que deseas. No te preocupes. No lo fuerces, aunque tener cifras elevadas te parezcan una buena idea, nunca debes hacerlo. Esto se debe a que el compromiso que obtienes de los falsos seguidores es "cero". No aumenta la participación en tu canal, y hace que sea tan fácil para cualquiera saber que realmente has comprado seguidores cuando sólo tienes 15 publicaciones y 1 millón de seguidores. Esto no te hará ganar fama y desanimará a tu audiencia. Recuerda, la influencia tiene que ver con la mente humana, y lo último que quieres hacer es aparecer como una persona sospechosa o deshonesta para tus seguidores. Si sientes que debes de comprar seguidores, no lo hagas obvio en absoluto; sólo un pequeño impulso servirá. Personalmente no recomiendo la compra de seguidores porque las cifras no te cuadrarán.

UTILICE RECOMENDACIONES: Una forma segura de conseguir que nuevas personas visiten tu página es a través del uso de las recomendaciones. ¿Qué es esto? Tal como su nombre lo indica, es el acto de introducir y recomendar la página de otra persona y lo que hace en tu propia cuenta de Instagram. Tu también puedes pagar para que gente popular en Instagram te mencione en su propia cuenta y lo comparta con su propia audiencia. Si a estas personas les gusta lo que haces en tu página, te seguirán al instante. Este método es ampliamente utilizado entre los usuarios de Instagram y puede ayudarte a conseguir al menos cien nuevos seguidores que estén interesados en tu contenido. Se calcula que unos 300 millones de personas utilizan las recomendaciones como medio publicitario cada mes. Tú también puedes usarlo.

ESTABLECE TU CUENTA COMO PÚBLICA: Si estás interesado en hacerte famoso en Instagram, nunca debes hacer tu cuenta privada por ninguna razón; esto se debe a que será muy difícil para la gente nueva encontrarte si no haces t cuenta pública. Más aún, muchas personas pierden instantáneamente el interés en tu cuenta si es privada. Los influyentes están destinados a ser gente pública, y si quieres fama como influencer, nunca deberías pensar en establecer tu cuenta como privada. A veces, puedes notar un cierto comentario que te llama la atención en una página en Instagram; y te interese conocer más de esta persona y de su cuenta. Al hacer clic en el nombre y ver que la cuenta aparece privada, seguramente regresarás inmediatamente a lo que estabas haciendo y olvides la página. Bueno, otras personas pueden ser persistentes, pero conozco a mucha gente que se irá en lugar de seguir una cuenta privada.

SÉ PUBLICADO: Otra manera asombrosa de ganar fama en Instagram es conseguir que tu cuenta sea publicada por revistas populares en línea.

ATRAE A TU PÚBLICO: No importa qué tipo de método utilices para hacer que tu cuenta sea popular, es muy importante involucrar a tu público. Cuando visiten nuevas personas a tu cuenta, la única manera de mantenerlos interesados es dejar mensajes automatizados que sirvan como mensaje de bienvenida a para tu audiencia. Tú debes responder a los comentarios en tu página tan seguido como sea posible, darle "like" a los relatos de algunos de tus seguidores que te gustan, e interactuar con tu audiencia haciendo que se sientan como en casa al estar en tu página.

COMENTA EN OTRAS CUENTAS POPULARES: Tú debes tratar de comentar en las cuentas populares de Instagram que tengan muchos seguidores, especialmente aquellas que tienen un nicho similar al tuyo. Cuando comentas con frecuencia en estas páginas, hay muchas probabilidades de que encuentres nuevos seguidores que estén interesados en tu página. No necesitas enviar spam a las cuentas de otras personas con comentarios falsos sólo porque quieres darte a conocer. Esto probablemente no funcionaría bien ya que otras personas podrían sentir tu desesperación y no seguirte. Tus comentarios deben ser realmente genuinos, inteligentes e interesantes. A la gente le encantan las personas inteligentes y te seguirían para saber más de ti y de tus escritos. Tú no deberías de ser conocido por intimidar a la gente o por dejar comentarios molestos sólo para llamar la atención. Conozco personalmente a un amigo que consiguió la mayoría de sus 250.000 seguidores comentando a menudo sobre cuentas populares. Era realmente conocido por sus comentarios consistentes e inteligentes, y la gente siempre esperaba sus comentarios e incluso buscaba sus comentarios en diferentes publicaciones. Mucha gente incluso lo etiquetaba y se quedaba en espera de sus observaciones y comentarios. Esto se debió a que fue inteligente e hizo que la gente valorara su opinión. Puedes intentar esto y comentar a menudo en las cuentas populares de Instagram para que de esa manera llegues a más gente.

ACEPTA TUS INSEGURIDADES: Si realmente quieres convertirte en un famoso influencer, tienes que aprender a aceptar tus inseguridades, superar tus miedos y no tener miedo de soñar. Mucha gente intentará menospreciarte y hacerte sentir que no estás haciendo lo correcto, pero sólo tienes que ignorar a los detractores y concentrarte en ser la mejor versión de ti mismo.

PASOS A SEGUIR PARA LLEGAR A SER FAMOSO COMO INFLUENCER

Hasta ahora, tú has leído y puedes entender completamente lo que se necesita para llegar a ser famoso como un influencer. Estás motivado para poner las cosas en marcha, y no puedes esperar a subirte al autobús de la fama más cercano y convertirte en el próximo influencer popular. Todo lo que tienes que hacer es seguir los métodos mencionados en este capítulo. Estos métodos se pueden resumir en los siguientes puntos:

- Asegúrate de que tu biografía esté llena y actualizada; tu biografía tiene que ser un anuncio para tu página y debe de transmitir el propósito de tu página. Considéralo como una breve introducción para tu audiencia.

- El segundo método que nunca debes de olvidar es el uso de subtítulos y no sólo usar imágenes para expresarte ante tu público en Instagram.

- Asegúrate de que tus fotos estén bien editadas utilizando cualquier aplicación de edición de fotos de tu elección para de esta manera aumentar la calidad de tus fotos.

- Asegúrate de etiquetar tu ubicación en las fotografías. Esto se llama "geoetiquetado" y facilitará la visibilidad de tu cuenta.

- Otra cosa que necesitas hacer para ser famoso como influencer de Instagram es desarrollar tu propio hashtag personal que te diferencíe de otras personas y le dé a tu marca la identidad que necesita.

- El siguiente paso es usar el poder de la narración en tus historias. Cuenta historias que influyan positivamente en tu audiencia y que las eduque y entretenga.

- Trabaja en tu estructura gramatical y asegúrate de comunicarte con fluidez sin ser ambiguo.
- Se apasionado y deja que el mundo vea lo interesado que estas en lo que haces.
- Construye una fuente de noticias sorprendente y cautivadora con el uso de temas atractivos y únicos.
- Asegúrate que tu contenido sea impactante y benéfico para tu audiencia. Todo lo que hagas debe girar en torno a la calidad de tu contenido.
- Ser consistente también te hará famoso con el tiempo porque la consistencia definitivamente te hará ser visto por tu audiencia tarde o temprano.
- Utiliza las llamada a la acción para decir exactamente lo que quieres de tu audiencia haga, diciéndoles en términos claros cómo deben de proceder.
- Si quieres convertirte en un famoso influencer, nunca debes comprar seguidores, ya que esto sólo darás a tu audiencia una impresión negativa sobre ti.
- También debe utilizar las recomendaciones si deseas hacerte popular en Instagram; todo lo que necesitas hacer es pagar para que una o más personas te recomienden sus cuentas.
- Nunca configures tu cuenta privada si es que alguna vez quieres ser popular en Instagram, ya que esto sólo dificulta que la gente te encuentre.
- También debe conseguir que tu marca o contenido se publique o aparezca en revistas populares o en otras publicaciones en línea.

\- No des nunca por garantizada que mantendrás la atención de tu audiencia; Tú debes hacer que tu audiencia se involucre continuamente de diferentes maneras.

\- Una técnica sorprendente que se menciona en este capítulo es comentar regularmente en cuentas populares para ayudarte a llegar a nuevas personas y a ser un influencer exitoso.

\- El último paso es superar tus miedos y abrazar tus inseguridades lo que deseas es permanecer enfocado hasta que hayas alcanzado tus metas.

Capítulo Diez:
Crece tu comunidad a través de publicidad pagada

LA MAGIA DETRÁS DE LOS REGALOS.
Desde la llegada de varias plataformas de redes sociales, muchas organizaciones han ganado presencia en internet a través de la mercadotecnia en línea, y varias estrategias de mercado han sido utilizadas por personas de negocios y vendedores en línea para promover sus marcas y mostrar sus negocios al público. En los últimos años, cuando los influencers han encontrado su "voz" en las redes sociales, han presentado diferentes ideas para llegar a más personas e intentar llegar a un lugar de presencia global. Una gran cantidad de influencers han hecho crecer su comunidad a través del uso de publicidad pagada. ¿Qué es un anuncio pagado? Tal y como su nombre indica, tiene que ver con crear conciencia sobre la existencia de tu marca con los miembros del público a través de una forma de pago. Nuestro enfoque principal

de los anuncios pagados en este capítulo es el uso de un "sorteo". ¿Qué significa sorteo? ¿Y cómo cuenta como un anuncio pagado? Bueno, todo el mundo ya está familiarizado con el concepto de "compra uno, y obtén uno gratis", y casi todo el mundo está fascinado con la idea de un concurso o de tener la oportunidad de ganar cosas exóticas a través de la compra de un producto relativamente barato.

Recuerdo que de niño iba a una tienda cercana a comprar un paquete de dulces todos los días, porque tenía la oportunidad de ganar una bicicleta, una gorra o una motocicleta de tamaño pequeño. Aunque nunca gané, ni siquiera un lápiz o cualquier otra cosa, aun así compraba este paquete de dulces todos los días, no necesariamente porque me gustara; recuerdo habérselos regalado a mis amigos muchas veces, pero la idea de ganar un premio me fascinaba, y yo le rogaba a mi mamá que me dejara comprar.

Esto es exactamente lo que sucede cada vez que hay un premio adjunto a algo; aumenta el margen de ventas y aprovecha el deseo de ganar de los compradores potenciales que terminan comprando más. Ya sea que seas un influencer o sólo una persona de negocios, la magia que hay detrás de los obsequios es una gran estrategia que todo influencer debe poner en práctica de vez en cuando. No sólo te ayudará a ganar más seguidores, sino que servirá como un anuncio para tu marca y muestra tu contenido al mercado, especialmente si promueves el regalo en páginas de internet muy populares. Los siguientes consejos te ayudarán a organizar un sorteo exitoso:

ELIGE UN TEMA PARA EL SORTEO: Muchos influencers que han dado regalos a menudo lo hacen sobre un tema en particular. Los sorteos son realmente divertidos y atractivos, porque puedes interactuar con tu audiencia y también puedes ver la parte creativa de tus seguidores, especialmente si el concurso es un tipo de desafío. Tú puedes decidir ser organizar un sorteo para celebrar el llegar a cierto número de seguidores, celebrar tu cumpleaños, tu negocio, aniversario de boda o simplemente porque quieres dar valor a tu audiencia de alguna manera. Si es la primera vez que organizas un sorteo, no necesitas tener miedo o estar nervioso. Una vez que hayas encontrado una razón o tema para el sorteo, lo siguiente es determinar qué es lo que estás dando y las reglas involucradas en el concurso.

ESTABLECE LAS REGLAS: Muchos influencers proponen ciertas reglas para sus sorteos. Tú debes de establecer en términos claros las reglas que guiarán tu sorteo y lo que califica y descalifica a los participantes en el sorteo. Tus reglas deben estar basadas en el propósito detrás de tu sorteo. Si estás usando Instagram para tu sorteo, una regla a la que te debes de atener es "la declaración de liberación". Mucha gente que usa Instagram ignora esta regla, pero es una regla esencial que debes de tener en cuenta cuando organices un sorteo de Instagram. La regla establece que "este sorteo o promoción no está patrocinado por Instagram o asociado con Instagram de ninguna manera". También debe asegurarse que "al entrar, los participantes sean mayores de 13 años de edad". Al hacer esto, tú estás liberando a Instagram de la responsabilidad y has aceptado los términos de uso de Instagram. Estas reglas fueron establecidas por Instagram para asegurar que tu promoción se lleve a cabo legalmente sin infringir ninguna regla gubernamental aplicable a tu área de residencia o país. Las reglas que estableces en tu sorteo deben depender de la meta que estás tratando de alcanzar. Si tu objetivo es conseguir más seguidores, debes asegurarte de que tus participantes te sigan y etiquetar a más personas para que te sigan como requisito para participar en tu sorteo. Por otro lado, si tu objetivo es aumentar la importancia y visibilidad de tu marca, entonces debes asegurarte de que los participantes vuelvan a publicar las imágenes del concurso Instagram y etiqueten a sus amigos en los comentarios que aparecen debajo de la imagen. Esta estrategia de sorteo definitivamente ayudará a hacer que tu marca sea visible. Otras reglas incluyen publicar un video creativo que ayude a construir tu marca o hacer un comentario creativo para ganar un premio en particular.

SELECCIONA UN PREMIO: Al organizar un sorteo, tienes que decidir el tipo de premio que deseas repartir. Mucha gente comete el error de elegir premios que no están relacionados de ninguna manera con su nicho; lo que esto hace es hacer que sus nuevos seguidores se vayan después de haber recibido el premio, porque sólo estaban interesados en el premio adjunto al sorteo. Si quieres organizar un sorteo porque necesitas más seguidores, la mejor manera de hacer tu sorteo es repartir un premio que esté relacionado con tu nicho. ¿Qué quiero decir con esto? Si resulta que eres un deportista influyente, sería una mala idea regalar un iPhone o un par de tacones. Los únicos seguidores nuevos que ganarías podrían estar interesados sólo en tu iPhone y no tener pasión por los deportes de ninguna manera. Por el contrario, los mejores regalos para dar como un influencer deportivo son los tenis, o cualquier cosa relacionada con tu nicho como un influencer deportivo. Si resulta que eres un influencer de la moda, también tienes que idear un regalo que se adapte a tu nicho. Si tienes un producto propio o prestas un servicio en particular, también puedes darlo a conocer, ya que servirá como publicidad para tu marca y ayudará a que tu marca gane visibilidad. Cualquiera que sea el nicho en el que estés involucrado, debes determinar de manera correcta el tipo de premio que entregues a los participantes de tu sorteo.

ELIGE UNA FECHA LÍMITE: Si alguna vez hacer un concurso, tienes que establecer una fecha límite que indique cuánto tiempo durará el sorteo. Algunas personas creen que puedes conseguir más seguidores si tu sorteo dura mucho tiempo; sin embargo, la mejor manera de organizar un sorteo es establecer un tiempo límite. Esto se debe a que no quieres ir a la quiebra dando regalos a mucha gente. Tú eres el que decide la fecha límite que quieres para tu sorteo. El tiempo máximo debería ser de siete días. Al decidir la fecha límite de tu sorteo, siempre debes tener en cuenta la diferencia en horarios con el público internacional; debes entender que algunos de tus seguidores no viven en el mismo país que tú, por lo que debes asegurarte de que la fecha límite esté claramente indicada y sea fácilmente comprensible para tu público internacional. También debes tener en cuenta los gastos de envío y de entrega si vas a dar los regalos a los ganadores en diferentes países del mundo.

CREA UN POST LLAMATIVO: Si has decidido acerca de un tema, un premio y una fecha límite, lo siguiente es crear un mensaje que indique claramente los requisitos y el premio a ganarse en tu sorteo. El correo debe estar bien diseñado con las características del sorteo y el premio. También debes incluir la imagen del premio adjunta al correo. Los requisitos deben estar claramente escritos para que los participantes sepan exactamente cómo participar en el concurso. Puede que te preguntes por qué un sorteo a menudo se conoce como un concurso; a menudo se conoce como un concurso porque tienes que competir con otras personas para poder ser un ganador. Después de crear un post atractivo, lo siguiente es establecer un recordatorio que le diga a tu audiencia cuánto tiempo dura tu concurso.

CREA UN RECORDATORIO: Necesitas establecer un recordatorio para tu audiencia; esto les indicará cuándo termina la inscripción para el sorteo. Puedes recordárselo a tu audiencia todos los días después del anuncio de tu sorteo o solo unos días antes de que éste termine. Tú debes establecer los requisitos para tu sorteo en tu recordatorio, utilizando una imagen similar a la del primer correo que enviaste.

SELECCIONA UN HASHTAG CREATIVO PARA SU CAMPAÑA: Una de las cosas que nunca debes olvidar cuando organices un sorteo es el uso de un hashtag de campaña que facilita la promoción y localización de tu sorteo. Después de crear un hashtag, debes pedir a tus concursantes o participantes que usen este hashtag al publicar, comentar o etiquetar tu artículo, dependiendo de las reglas que guíen el sorteo o que se estipulan en sus criterios. Como a mucha gente le gusta competir en los sorteos porque les encantan las cosas gratis, usar un hashtag de campaña te ayudará a crear un mejor reconocimiento para tu marca y también te ayudará con el impulso y energía de las redes sociales. Cuando los participantes utilicen el hashtag único de tu campaña, esto puede ayudar a que el sorteo se convierta en viral, lo que será para tu propio beneficio, ya que sin duda te ayudará a ganar más seguidores y a que tu marca sea realmente visible.

PIDE A LA GENTE QUE PATROCINE TU SORTEO: Hay varias personas que están interesadas en hacer visible tu marca y aumentar el número de tus seguidores. Estas personas pueden estar interesadas en patrocinar tu sorteo o unirse para recaudar dinero para el sorteo. Todo lo que tienes que hacer es incluir el nombre de tu patrocinador o patrocinadores (marca o individuos) en tu mensaje y pedir a tus participantes que los sigan para que el premio sea parte de tu sorteo. También puedes patrocinar regalos de otras personas famosas para llegar a más gente y crear conciencia de su marca. Mucha gente usa esta estrategia (publicidad pagada) para ganar más seguidores.

PROMUEVE TU SORTEO: Tener un maravilloso regalo para tu sorteo, pero si no difundes la noticia de tu concurso no harás que tu regalo valga la pena. Necesitas inventar grandes estrategias para promocionar tu sorteo. Esto es lo que tienes que hacer para que todos tus esfuerzos de realizar el concurso no sean en vano. No importa cuán creativo y divertido sea tu sorteo, aun así, tienes que hacer que la gente lo sepa. No necesitas robar un banco para promocionar tu concurso. Lo único que tendrás que usar es su tiempo y creatividad. Tu puedes promocionar tus regalos en todas sus plataformas de redes sociales, así como por correo electrónico, que es una forma muy personal de llegar a la gente. Es recomendable notificar a tus suscriptores, seguidores o audiencia por correo electrónico después de 24 a 36 horas de lanzar tu sorteo. Esto es aconsejable, ya que te da tiempo suficiente para corregir errores y asegurarse de que tu sorteo valga la pena promoverlo. También puedes llegar a algunos de tus espectadores que aún no están al tanto de tu sorteo para notificarles y animarlos a unirse y participar en el concurso. Puedes añadir un tono personal a su correo dirigiéndote a los destinatarios por sus nombres. También puedes colocar un enlace en tu correo electrónico para asegurarte de que tu audiencia reciba la información correcta y les facilite el poder unirse al concurso con un solo clic. Debes de animar a tu audiencia a referir a otras personas y difundir el sorteo con sus amigos y familiares. Las referencias son muy confiables, y también son un ejemplo de "marketing personal". La mayoría de la gente referiría tu sorteo a las personas que más probablemente van a estar interesadas y de esta manera aumentarían el número de tus seguidores. También puedes promocionar tus regalos en Facebook, que es la plataforma de redes sociales más grande de Internet. Facebook te ayudará a llegar a muchas personas a la vez. Definitivamente no te arrepentirás en promover tus sorteos en Facebook. También puedes promocionar el sorteo en diferentes sitios de forma gratuita; estos sitios se pueden ver a continuación.

REDDIT.COM: Reddit es una página de internet que te permite promocionar tus sorteos de forma gratuita. Reddit fue fundada por Steve Huffman y Alexis Ohanian en 2005 y tiene actualmente su sede en San Francisco. Hasta marzo de 2019, la página había alcanzado los 542 millones de visitantes mensuales, lo que lo convierte en el sexto sitio web más visitado de los Estados Unidos y el 21 más visitado del mundo. Es una página que permite agregar noticias sociales y tiene un ranking de contenidos en el que los miembros registrados pueden enviar su contenido, a través de enlaces, mensajes de texto e imágenes, que luego son votados por otros miembros registrados. Reddit te permite publicar enlaces de tus sorteos y promocionar los regalos a millones de usuarios sin tener que pagar un centavo. No tienes nada que perder; una vez que descargues la aplicación Reddit en la tienda Google Play, deberás de estar en camino para crear una gran presencia y visibilidad para tu marca.

ONLINE SWEEPSTAKES: OnlineSweepstakes.com, también conocido como OLS, es uno de los sitios web más grandes para promocionar tu sorteo de forma gratuita. Es un directorio de sorteos que ofrece una lista de varios concursos y ofrece la oportunidad de intercambiar consejos con otros usuarios del sitio web. OnlineSweepstakes fue creado originalmente en el año 1997 y ha sido uno de los mejores sitios de sorteos en línea desde entonces. La comunidad es confiable y cuenta con cientos de usuarios en todo el mundo. El sitio web permite tener a usuarios de los Estados Unidos y de todo el mundo. Como usuario registrado del sitio, tienes la libertad de promocionar e incluir tu regalo llenando un formulario en línea que requiere de tus datos. Aunque puedes utilizar OnlineSweepstakes de forma gratuita, la mayoría de las funciones más atractivas sólo están disponibles con una participación pagada.

CONTESTCHEST ContestChest.com es también uno de esos sitios web donde puedes promocionar tus sorteos gratuitamente. Todo lo que tienes que hacer es registrarte como miembro y promover tu concurso en la página para poder llegar a más gente.

CONTESTGIRL: ContestGirl.com es un directorio de regalos y sorteos de Estados Unidos y Canadá. Todo lo que tienes que hacer es rellenar tus datos en su formulario, incluir las reglas que guían tu sorteo, y cómo localizarlo, así como la plataforma de redes sociales utilizada para el sorteo. Contest Girl es un sitio web en el que puedes confiar para la promoción de tus regalos.

GIVEAWAYMONKEY: GiveawayMonkey.com, está abierto para que promociones tu marca y tus regalos. El sitio web existe desde el año 2012 y hasta la fecha ha demostrado ser confiable. Este sitio, al igual que otros sitios mencionados anteriormente, te permite promocionar tus sorteos, crear conciencia para tu marca y ayudarte a ganar presencia y visibilidad.

THEPRIZEFINDER ThePrizeFinder.com es un sitio web gratuito que te permite publicar tus regalos para la promoción. Cuenta con varias críticas positivas desde que comenzó su operación hace mucho tiempo.

SWEETIESSWEEPS: Este sitio web cuenta actualmente con unos 8.837 miembros y existe desde 2008. Surgió por primera vez con el único propósito de ayudar a la gente a ganar sorteos y concursos. El sitio web, tal y como dice su eslogan, ha "ayudado a mucha gente a ganar las cosas que no pueden comprar". Este sitio está actualmente activo en varias plataformas de redes sociales, incluyendo Facebook e Instagram. Te ayuda a promocionar tu sorteo en su plataforma publicando las fotos y detalles de su concurso, así como poder compartir enlaces hacia tu página.

GIVEAWAYFRENZY: Esta página de internet fue lanzada en el año 2015 y desde entonces ha sido utilizado por muchas personas para la promoción de sus sorteos. Puedes introducir tu sorteo en esta página para la promoción y presencia de tu marca. Este sitio web te ayuda a mostrar y anunciar su sorteo a mucha gente, ya que es un sitio de confianza que tiene alrededor de 100 listados por día.

Otras páginas de internet populares que podrías utilizar para tus sorteos son:

- OZ BARGAIN.COM
- SWEEPSTAKES.COM
- TOTALLY FREE STUFF.COM
- MIX.COM
- GIVEAWAY PROMOTE.COM
- WIN A SWEEPSTAKE. COM
- CONTEST CANADA. COM
- EMPEROLA.COM

- SWEEPSTAKE.COM

PASOS A SEGUIR PARA ORGANIZAR UN SORTEO EXITOSO

-   Crea un tema para tu sorteo: podrías organizarlo para celebrar un evento entre otras razones.
-   Decide las reglas que guiarán a tu sorteo
-   Selecciona un premio que le darás a tu público
-   Asegúrate de que haya una fecha límite para tu sorteo
-   Asegúrate de que las publicaciones de tu sorteo sean llamativas
-   Crea recordatorios
-   Crea un hashtag único para tu concurso
-   Pídele a la gente que patrocine tu sorteo
-   Promociona tus sorteos en tus plataformas de redes sociales u otros sitios web que puedas utilizar de forma gratuita, como cualquiera de los mencionados anteriormente.

Capítulo Once:
Errores que nunca debe
cometer como influencer

Al igual que cualquier otro negocio, carrera o trabajo, hay ciertas reglas a las cuales debes atenerte como influencer. Aunque muchos influencers han cometido estos errores, tu debes aprender de sus errores y no repetir los mismos. En este capítulo, explicaré a detalle el tipo de cosas que hay que tener en cuenta como influencer, lo que otros influencers populares han comentado al respecto y cómo poder evitarlos.

LA INCAPACIDAD DE DECIR NO: Uno de los errores más comunes que cometen los próximos influencers es la incapacidad de decir NO a las marcas que no tienen nada que ver con su nicho. Una vez que hayas alcanzado un cierto número de seguidores como influencer, muchas marcas querrán colaborar contigo, porque saben que tienes una gran influencia sobre tu público. Es posible que te entusiasmes mucho, especialmente si se trata de una gran oportunidad, pero debes considerar si esta marca tiene algo en común con tu marca o si está relacionada de alguna manera con tu nicho. Tu puedes estar tentado a aceptar este trato, pero nunca debe hacerlo si vas a confundir a su público y parecer totalmente diferente de lo que normalmente lo haces. Recuerda que nunca habrías sido popular sin la ayuda de tu audiencia, así que no debes tener miedo de decir que no a las marcas que no tienen nada en común con su nicho. Muchos influencers populares como Lilach Bullock y Cameron Conaway han registrado sus mayores errores al "decir sí a todo". Tú debes de tratar de evitar este error a toda costa.

INCONSISTENCIA: Otro problema con el que se encuentran muchos influencers es con la incapacidad de ser consistentes. Esto sucede cuando intentas estar en todas partes, tener presencia en múltiples plataformas y por lo tanto no puedes estar publicando regularmente. Bueno, si este es tu problema, no estás solo; otras personas influyentes populares como Sheryl Plouffe y Brian Carter también han cometido este error y lo han reconocido como uno de los errores más grandes que han cometido. La verdad es que la falta de consistencia te retrasa y puede hacer que sea realmente difícil poder tener éxito. Sin embargo, Brian Carter aconseja a los futuros influencers que se concentren en unas pocas plataformas que puedan manejar para no perder el interés de la audiencia a lo largo del tiempo y terminen siendo inconsistentes.

RENUNCIAR A LAS COSAS QUE TE HICIERON GANAR FAMA: Brian Hart e Ian Brodie admitieron una vez que el mayor error que cometieron fue "perder de vista lo que les dio fama en primer lugar". Muchos influencers parecen cometer este error; es más bien como si ya no estuvieras tratando de impresionar a tu audiencia una vez que has conseguido la fama que siempre has querido. Aquí es donde la pasión entra en juego: si amas tanto lo que haces, nunca dejarás de intentar impresionar a tu público. Independientemente de cómo empezaste, si te ganaste tu propia fama bailando, usando memes o contenido altamente creativo, nunca debes renunciar a estas cosas. Hay un noventa por ciento de probabilidades de que tu audiencia se desanime si dejas de hacer estas cosas, y podrías comenzar a perder seguidores. Personalmente conozco a una influencer que se hizo famosa al publicar sus videos de danza en sus plataformas; para cuando había alcanzado los 9 millones de seguidores, ya había dejado de bailar y se había concentrado en la publicidad de varias marcas. Ya puedes adivinar lo que le pasó. Perdió unos 50.000 seguidores porque su página se volvió muy aburrida, y cuando se dio cuenta de lo que realmente estaba pasando, ya era casi demasiado tarde. Tu no quieres estar en este tipo de situación, así que asegúrate de no relajarte demasiado después de conseguir el compromiso y los seguidores deseados. Sé que te puede resultar difícil de hacer, pero tienes que abrazar y aferrarte a las cosas que hiciste y que te hicieron ganar la fama en primer lugar.

NO CONOCER TU PROPIO VALOR: Cuando las marcas empiezan a acercarse a ti para que les ayudes a crecer su marca, es posible que te ofrezcan pagarte menos de lo que mereces; no tengas miedo de decirles tus propios términos y lo que estarías dispuesto a aceptar. Chelsea Krost también reveló que su mayor error como influencer fue "no tener una conversación con sus marcas". Muchas marcas pueden dar la impresión de que ya tienen un buen número de influencers a las que pueden dirigirse. Sin embargo, no hay que tener miedo de negociar con ellos. Influencers como Chad Pouliot y Warren Whitlock han cometido este error y aconsejan a los futuros influencers que no cometan un error similar. Del mismo modo, no te sientas tentado de emprender más proyectos de los que puedas manejar; considera tus propios términos antes que los términos de tu marca. Es una situación en la que ambas partes salen ganando.

NO TRABAJAR LO SUFICIENTEMENTE FUERTE: Una vez, Charlene Li, una popular influencer, registró este como su mayor error. Charlene Li explicó que nunca se ha arrepentido y nunca se arrepentirá de las cosas que hizo, pero sí se arrepiente de las cosas que nunca hizo como influencer. Este es un error que nunca debes de cometer como un próximo influencer. No te canses de intentarlo, incluso si las cosas no salen como se planean. Si no presionas lo suficiente o no tomas riesgos, es posible que nunca se te conozca y no logres tu objetivo de ser un influencer popular.

DESESTIMAR EL PODER DE LA COLABORACIÓN: Chirag Kulkarni dijo una vez que el mayor error que puede cometer cualquier Influencer es "no colaborar con otros influencers". Esto es particularmente cierto para influencers nuevos y futuros; muchos de ellos no saben lo esencial que es colaborar con otros influencers. Lo que esto hace es permitir que estas personas compartan su propia audiencia con usted, lo que definitivamente te beneficiaría de muchas maneras.

ELEGIR LA FAMA SOBRE EL IMPACTO: Influencers como Dan Knowlton y Jonathan Dana aconsejan a los futuros influencers no cometer nunca el error de elegir la fama sobre el impacto o tratar de hacerse famosos antes de convertirse en influencers. ¿Qué significa todo esto? Que tu objetivo principal no debería ser hacerte famoso. Por otro lado, tu meta debe ser "hacer un impacto en las vidas de tus seguidores o audiencia". Si alguna vez quieres ser famoso como un influencer, nunca debes de estar más interesado en ser famoso en lugar de ser un escritor de contenido calificado. El objetivo debe ser cómo hacer que tu audiencia se beneficie de tu contenido como influencer; tener esto en el fondo de tu mente definitivamente te hará ganar la fama que mereces conforme pase el tiempo.

ACEPTAR UNA MARCA POR RAZONES
PERSONALES: Evan Michael reveló su mayor error fue
"aceptar una marca por razones personales". Evan
explicó que sabía desde el principio que una marca no
tenía nada en común con su nicho, pero por razones
personales, aceptó el contrato. Más tarde reveló que esta
decisión resultó ser errónea, ya que no era buena ni para
su público ni para su marca. Una cosa que todo
influencer debe aprender es que nunca debes asumir una
marca cuya idea o tema no se ajuste a tu nicho.

IGNORAR EL INTERÉS DE TU COMUNIDAD:
Según Deirdre Breakenridge, el mayor error que cualquier
influencer puede cometer es "no tener el interés de tu
comunidad en el corazón". Esto significa que siempre
debes considerar el interés de tu audiencia antes de tomar
cualquier decisión. Si tienes que asociarte o cerrar un
trato con cualquier marca, tienes que pasar por alto el
dinero y considerar cómo esta marca beneficiará primero
a tu público. No pongas en riesgo la vida y la seguridad
de tu audiencia por dinero, ya que esto definitivamente
pondría en peligro la relación con tu audiencia y destruiría
la confianza que tienen ti. No cometas el error de poner
el dinero por encima del interés de tu audiencia, ya que
las consecuencias pueden ser mayores de las que puedas
pensar.

INCAPACIDAD DE SER RELEVANTE: Gerry Moran
dijo una vez que el mayor error que se puede cometer
como influencer es dejar de ser relevante. Este es un

error común entre influencers que han reunido algunos seguidores para sí mismos. Después de haber trabajado duro y de obtener suficiente reconocimiento hasta cierto punto, automáticamente dejan de ser relevantes y reducen las cosas que solían hacer al principio. No debe ser difícil mantener la relevancia o hacer que sea difícil que tu publico te localice después de haber llamado su atención.

RENUNCIAR AL APRENDIZAJE: Grant Cardone admitió haber dejado que su ego le sacara lo mejor de sí mismo porque todo el mundo lo admiraba como un influencer y como alguien con un coeficiente intelectual muy alto, y dejó de continuar aprendiendo. Grant Cardone admitió que este fue su mayor error y anima a otros influencers a no dejar de aprender. Nunca sientas que sabes lo suficiente. Mantente educado; sigue aprendiendo todos los días para mantenerte actualizado, para que no pierdas relevancia. Recuerda, muchas personas aman a los influencers informadas; y tu podrías perder tu audiencia si dejas de estar informado o abandonas el aprendizaje.

NO INVESTIGAR LO SUFICIENTE: Esto está relacionado de alguna manera con el punto anterior, pero también es muy diferente en cierto modo. Holly Pavlika, una galardonada veterana del marketing creativo y las redes sociales, señaló una vez que este ha sido su mayor error como influencer. Tú no vas a querer cometer el error de no hacer suficiente investigación y publicar información equivocada. Recuerda, los miembros de tu audiencia no son tontos; algunos de ellos tienen suficiente conocimiento en ciertos campos y siempre pueden notar cuando proporcionas información incorrecta. Para evitar este error, Holly Pavlika te aconseja que hagas tu tarea muy bien.

TRATAR DE COMPLACER A TODOS: Jaime Masters, quien es entrenadora de negocios, autora y conferencista, reveló que este ha sido uno de sus mayores errores hasta ahora. La verdad es que necesitas que su audiencia esté en la misma página que tu, de la misma manera que tu necesitas tener su mejor interés en el corazón. Sin embargo, un error que no debes de cometer es "tratar de complacer a todos". Los seres humanos somos insaciables por naturaleza y no se puede complacer a todos al mismo tiempo, por mucho que se intente. Algunas personas no verán las cosas a tu manera, y esto no debería ser un problema o que haga que te des por vencido. Lo más importante es tu confianza en lo que haces y el hecho de que no estás rompiendo ninguna regla, ni haciendo nada malo. No deberías obsesionarte con lo que todos piensan de ti o de tu marca.

PREOCUPARTE POR EL TAMAÑO DE TU AUDIENCIA EN LUGAR DEL NIVEL DE COMPROMISO: Jeff Epstein le dirá cuánto le ha afectado este error en su carrera. Esto es exactamente a lo que se reduce la compra de seguidores. Cuando los influencers, especialmente los novatos, optan por comprar seguidores, es porque se preocupan por el tamaño de su audiencia más que por el nivel de compromiso. Esta nunca debe ser tu prioridad; nunca debes de elegir el tamaño de tu audiencia por encima del nivel de compromiso. Para evitar este error, no compres nunca seguidores y nunca des por sentada a tu audiencia. Involucra a tu audiencia y hazla sentir especial al establecer una relación cordial y personal con ellos. Esto es lo que te distingue de los influencers que se preocupan principalmente por el tamaño de su audiencia.

NO DEJAR CLAROS TUS TÉRMINOS: Jill Schiefelbein dijo una vez que, "no tener todo por escrito" es el error más grande que un influencer puede llegar a cometer. Esto significa que tienes que dejar claros tus términos al firmar acuerdos con marcas si no quieres que te engañen. También debes leer los contratos página por página antes de firmarlos para evitar problemas en el futuro. No cometas nunca el error de aceptar un trato apresuradamente sin antes evaluar lo que hace la marca, ni dejes de entender las reglas y regulaciones arraigadas en el contrato. Nunca asumas que la marca conoce ni siquiera la más mínima información; deberías escribirlas en términos claros, independientemente de lo obvias que sean.

NO AYUDAR A OTROS INFLUENCERS: John Boitnott verificó que éste ha sido uno de sus mayores errores hasta ahora. Esto sucede mucho, especialmente cuando se ha logrado éxito en la industria: se tiende a olvidar cómo se comenzó al negarse a ayudar a otros influencers. Recuerda siempre que nunca se sabe quién va a ser el próximo influencer popular en la industria, por lo que nunca debes despreciar a los principiantes o podrías lamentarlo en el futuro.

INVOLUCRARSE POLÍTICAMENTE: John Steimle reveló que este ha sido un error que ha aprendió como influencer, y John Merodio también admitió haber cometido un error similar al publicar la foto de un político en sus plataformas de redes sociales como resultado de un proyecto en el que estaba trabajando en ese momento. El influencer dijo que le reclamaron por hacer esto porque mucha de su audiencia no apoyaba al político en cuestión. Aunque Merodio se sintió mal y se disculpó, nunca volvería a repetir el mismo error. Este es un error que debes de evitar a menos de que quieras una reacción de tu audiencia. No publiques nunca nada relacionado con asuntos políticos ni hables de ello en tus plataformas personales. Es la manera más fácil de causar un distanciamiento entre tu y tu público. Tu meta debe ser "crear un vínculo con ellos", y no separarlos de ti. Es completamente normal que la gente tenga diferentes puntos de vista políticos, y no te sorprendas de que algunas personas sean bastante apasionadas mientras que otras sean políticamente apartados y podrían perder el interés en ti o en tu marca por tu elección de candidatos políticos. Siempre ten en cuenta que la política es uno de los errores más grandes que puede cometer un influencer.

NO ESCRIBIR CONTENIDO COMPETENTE:
Cuando se le preguntó si alguna vez se retractaría de algo
que ha hecho hasta ahora como influencer, Larry Kim
respondió diciendo que lo único que lamenta hasta ahora
es el hecho de que podría haber escrito un contenido más
convincente y de mayor calidad. No te sorprendas; la
mayoría de los influencers sólo trabajan en la calidad de
su contenido cuando recién están empezando, y después
de obtener algo de fama, retroceden, y la calidad de su
contenido disminuye. Sin embargo, esto puede ser un
gran error porque el mundo influencer es bastante
competitivo, y todo el mundo está tratando de superar a
otras personas en el mismo campo. En el momento en
que tu audiencia vea una reducción en la calidad de tu
contenido, puede perder el interés en tu marca y en tu
contenido.

NO TOMAR TIEMPO PARA CULTIVAR TU
PROPIA IMAGEN: Laura Peña Antencio explicó una
vez cómo estaba tan absorta en ayudar a otras personas a
crear una imagen para sí mismas y construir el
compromiso de su audiencia, que descuidó totalmente su
propio imagen y su propia marca. Algunos influencers
cometen el error de olvidarse de ayudarse a sí mismos
mientras se dejan llevar por el entusiasmo de ayudar a
otras personas. No te confundas, debes de ayudar a otras
personas, pero concentrarte demasiado en los demás
puede ser perjudicial. Eso no te hace egoísta. Sólo
significa que tienes que tomarte el tiempo para construirte
a ti mismo, tu confianza y cómo relacionarte con tu

audiencia. En palabras de Laura, deberías "concentrarte más en ti y ocuparte de tus asuntos".

TENER ERRORES GRAMATICALES O ESCRIBIR PALABRAS INCORRECTAMENTE: Lisa Sicard cree que uno de los errores más grandes que puedes cometer es escribir contenido que no está muy bien estructurado o gramaticalmente correcto. Tú no quieres aparecer como un escritor incompetente cometiendo errores de dedo o equivocaciones en tus escritos constantemente. Aunque los errores son inevitables a veces, debes de tratar de hacer que tu contenido sea mejor haciendo que alguien lo corrija antes de publicarlo.

NO TENER UNA BIOGRAFÍA COMPLETA: Mary Smith cree que cada influencer debe tener una biografía completa que indique claramente que tu ofreces servicios de marketing para personas influyentes. Esto suena obvio, pero algunas personas no sienten la necesidad de incluir esto en su biografía. Sin embargo, tu necesitas saber que algunas marcas podrían no notarlo si no lo incluyes claramente en tu biografía. En los capítulos anteriores se te ha enseñado cómo llenar tu biografía; debes asegurarte de que tu biografía comunique claramente tus ideas y tu nicho a tu audiencia y a tus marcas por igual.

NO ANALIZAR LOS NÚMEROS: Varios influencers como Kat Sullivan admitieron haber cometido este error similar. No subestimes nunca la necesidad de analizar tus datos o números. Para saber exactamente lo que tu audiencia quiere de ti, debes analizar tus datos para ver el contenido que están compartiendo, el contenido con los mejores gustos y comentarios, así como los países en los que vive tu audiencia. Hay un capítulo anterior en este libro que te enseña cómo utilizar Google Analytics. Te beneficiarás enormemente al usar este método para analizar tus datos. Si no lo haces, te sentirás inseguro acerca de las cosas que tu público realmente necesita saber, así como tus áreas de interés.

NO SER POSITIVO: Uno de los errores más grandes que puedes cometer como influencer es tu incapacidad para difundir la positividad. Keith Keller da fe de ello. La sociedad ya está llena de suficiente negatividad, caos y locura. Sería un error no usar tu poder para influir en la mente humana y difundir la positividad. Para evitar cometer este error, asegúrate de difundir la esperanza, el amor y la positividad a través de tu contenido. Deja que tu contenido se convierta en un lugar de consuelo y esperanza. Tu plataforma debe ayudar a tu audiencia a aliviar la tensión en sus vidas.

NO PERMANECER AUTÉNTICO: Meghan Ducile dice que te estarás dando un tiro tú mismo si no permaneces auténtico. Nunca debes de cometer este error, porque tu audiencia puede identificar instantáneamente cuando no estás siendo original. No intentes copiar a otra persona; debes de intentar registrar tu propia voz y técnicas en la mente de tu público concentrándote en hacer lo tuyo y confiar en tus instintos e intenciones. Mientras seas apasionado, no hay nada de malo en tratar de ser tú mismo o simplemente ser original.

TENER MENTORES NEGATIVOS: Nadya Khoja, una influencer muy popular, señaló esto como su mayor error. Si tienes mentores que son populares por hacer las cosas mal, elegir a esas personas para aprender de ellas será un error que desearás no haber hecho nunca. Los mentores que no te apoyan a ti o a tus decisiones o que a menudo te hacen sentir menos de ti mismo haciendo que quieras renunciar nunca deben ser tus modelos a seguir. Algunas personas también tienen mentores que dejan que su fama se les suba a la cabeza al negarse a ser mentores de los futuros influencers. Este tipo de personas deben ser evitadas a toda costa, ya que sólo están interesadas en apagar tu luz.

BUSCAR LA PERFECCIÓN: El arrepentimiento de Rebekah Radice como influencer es "aspirar a la perfección". Nunca intentes ser perfecto. La mayoría de los influencers no lo son; sólo tratan de hacer lo mejor que pueden y dejan el resto. Si entiendes el hecho de que la perfección está subestimada, no apuntarías a la perfección; sólo tratarías de ser bueno en lo que haces y entregar lo mejor de ti a tu audiencia sin hacer hincapié en ser perfecto.

Este capítulo en particular fue escrito para ayudarte a aprender de los errores de otros influencers y ayudarte a tomar las mejores decisiones en tu carrera.

He aquí un resumen de los errores antes mencionados de los que debes de estar atento:

- Incapacidad para decir que no; nunca tengas miedo de decir que no.
- Dejar de hacer las cosas que te hicieron crecer; nunca debes renunciar a las cosas que te hicieron ganar fama en primer lugar.
- No conocer tu propio valor; no tengas miedo de exigir más de las marcas si surge la necesidad.
- No trabajar lo suficiente; el mayor pesar que puedes tener como influencer es desear haber hecho más.
- No colaborar con otro influencers; mientras más pronto empieces a contactar a otros influencers para una colaboración, mejor.
- Escoger la fama por encima del impacto; trabaja para impactar las vidas de tu audiencia en lugar de perderte después de ser famoso.
- Aceptar contratos por razones personales; nunca debes de trabajar con una marca que no tiene nada en común con tu nicho.
- Incapacidad para mantener la relevancia; nunca dejes de ser relevante sin importar lo popular que ya seas.
- Renunciar al aprendizaje; nunca dejes de aprender sin importar la edad o la educación que tengas.
- No hacer suficiente investigación; siempre ten tus datos claros y evita publicar información equivocada.

- Tratar de complacer a todos; nunca trates de satisfacer a todos. Diferentes personas siempre tendrán opiniones diferentes sobre ti y tu marca.
- Preocuparte por el tamaño de la audiencia en lugar del nivel de compromiso; tu prioridad debe ser el nivel de compromiso de tu audiencia y no su tamaño.
- No dejar claros tus términos: asegúrate de que sus términos siempre estén claramente estipulados en tu contrato para evitar cualquier tipo de malentendido en el futuro.
- No ayudar a otros influencers futuros; nunca olvides los días de tus primeros comienzos y te niegues a ayudar a nuevos influencers. Recuerda, tú empezaste como ellos.
- Hacerte político; no incluyas tus puntos de vista político en tus plataformas personales.
- No escribir contenido convincente.
- Tener errores tipográficos o gramaticales en tu contenido.
- No tener una biografía completa.
- No analizar tus números.
- No ser positivo con tu contenido.
- No seguir siendo auténtico.
- Tener mentores negativos.
- Buscar la perfección.

Capítulo Doce:
Mercadotecnia para
influencers

En este capítulo, analizaremos la teoría de la
mercadotecnia para influencers, así como la relación entre
esta estrategia y el marketing tradicional de las redes
sociales. ¿Qué es la mercadotecnia para influencers?
Básicamente, es como una fusión de estrategias de
marketing antiguas y modernas: reemplazas la idea de
utilizar el apoyo de celebridades por personas que tienen
influencia sobre su audiencia a través de campañas de
marketing basadas en contenido. La principal diferencia
es que el resultado de estas campañas de mercadotecnia
es a menudo una colaboración entre las marcas y los
influencers. Muchas marcas han llevado a cabo estas

exitosas campañas de marketing de influencers y muchas marcas todavía siguen en ello. Aunque es fácil imaginar que una celebridad se asocie con una empresa para promocionar un producto, eso no es nada comparado con una colaboración con un influencer. Mucha gente habla de mercadotecnia para influencers, y uno no puede evitar preguntarse de qué se trata todo esto. Esto muestra cómo está "de moda" la idea de la mercadotecnia para influencers hoy en día, a diferencia de hace varios años cuando se utilizaban otras estrategias para el conocimiento y la promoción de la marca. A diferencia de las celebridades, los influencers pueden estar en cualquier lugar. Cualquiera puede ser un influencer. No tienen que ser actores, músicos o súper modelos. Sin embargo, lo que los hace realmente influyentes son sus enormes seguidores en Internet y en las plataformas en redes sociales. Un influencer puede ser un fotógrafo popular en Instagram o un blogger de relaciones que es muy leído. Cada industria tiene varios influencers, sólo hay que encontrarlas. Suelen ser reconocidos por su enorme base de seguidores, y ese es el público objetivo que las marcas necesitan desesperadamente.

La idea errónea sobre la mercadotecnia para influencers.
Toda marca necesita entender el hecho de que la mercadotecnia para influencers va más allá de encontrar a una persona con una gran base de seguidores y darles una cantidad de dinero para que digan algo bueno sobre su marca. Esto es algo que harían las celebridades, pero los influencers, por otro lado, son individuos que se han tomado el tiempo suficiente para establecer su propia marca personal, y tienen un número de miembros en su audiencia que creen y tienen confianza en sus recomendaciones. Los influencers saben lo duro que

trabajaron para ganar cada seguidor que tienen y nunca darían por garantizado el amor de su audiencia; Por lo tanto, normalmente no están interesados en los pagos rápidos. La mercadotecnia para influencers tampoco se trata de pagos rápidos. Utiliza los mismos métodos que las redes sociales y el marketing de contenidos que no implican la venta directa de productos. Va mucho más allá de eso; tiene que ver más con la construcción de un impacto, la exhibición de credibilidad y el liderazgo dentro de su industria. Implica alinearse con cualquier servicio que ofrezcas.

El marketing en redes sociales es un proceso en donde construyes la relación con tu audiencia ideal que se interesa en el contenido que proporcionas. Aunque la mercadotecnia para influencers te da una oportunidad de llegar las emociones de tu audiencia, esto no viene servido en una bandeja de oro. Esto se debe a que debes de ganarte su confianza y hacer que te respeten. ¿Cómo se hace esto como marca?

Lo que nunca debes de hacer como marca cuando hagas campañas mercadotecnia para influencers:

Usar la misma técnica cuando se trata de diferentes influencers: Necesitas entender que los influencers tienen diferentes reglas y principios. Lo que funciona para el influencer A puede no funcionar para el influencer B. Cuando tengas esto en mente podrás evitar esta generalización.

Considerar sólo la fama del influencer: Al seleccionar a un influencer, una marca nunca debe preocuparse demasiado por su fama; lo que necesita preguntarse es si el influencer puede ayudarle a llegar a su público objetivo y si él es el mejor para ayudarle a llevar sus objetivos a la realidad.

Nunca compares el marketing social tradicional con la mercadotecnia para influencers: La mercadotecnia para influencers es muy diferente del marketing social tradicional en el sentido de que el marketing social sólo crea una identidad y una conciencia en algunas plataformas, y con el tiempo, llegan a más personas y son capaces de identificar a sus usuarios más leales. ¿Qué significa esto? Que pudieron determinar los clientes potenciales a los que les gustaba, compartían y difundían la información de su marca, o los clientes que escribían comentarios sobre sus productos. Este tipo de usuarios no se dan por garantizados; en cambio, la marca construye una relación con ellos a través de la participación, capacidad de respuesta y atención personal. Estos grupos de personas fueron motivados a promover las marcas y productos como una estrategia de marketing. La mercadotecnia para influencers, por otro lado, nos dice lo esencial que es hacer marketing directo con influencers con cuyas políticas ya se tienen familiarizadas; ellos trabajan en una industria similar y han construido un nicho y una reputación para ellos mismos. El problema con el enfoque de los medios de mercadotecnia tradicional es que se les dificultaba a las empresas llegar a audiencias más allá de sus usuarios leales. Estos usuarios sólo tenían unos algunos amigos o compañeros cuyas preferencias podrían no estar alineadas con esas marcas. Por lo tanto las empresas tuvieron este problema porque no estaban recibiendo la atención que anhelaban de su audiencia. Ya se pueden imaginar el resultado de este enfoque, que fue "desastroso" porque no hubo ningún cambio en la creación de conciencia de la marca. La estrategia de marketing para influencers, por otro lado, enfatiza el uso de su tiempo en personas que tienen una gran influencia sobre su audiencia y que aprovecharían los deseos de su audiencia para comprar sus productos sin tener que manipular a nadie. También puede significar construir o crear contenido que sea exclusivo para atraer a estos influencers. Mientras que el premio definitivo es la audiencia del influencer, el mercado objetivo de estas marcas son los mismos influencers.

Conclusión

El concepto detrás de este libro fue hacerte saber todo lo que hay que saber acerca de ser un influencer. El primer capítulo que habla acerca de comunicarte con pasión fue escrito para ayudarte a encontrar la pasión en lo que haces. Los otros once capítulos también fueron escritos para que te conviertas en el maravilloso influencer que siempre has querido ser. Los pasos de acción incluidos en este libro deben de hacer que el mensaje de cada capítulo sea claro y resumido, para que puedas hacer un buen uso de todos y cada uno de los puntos.

Mi objetivo es que, después de leer este libro, estés completamente equipado acerca de lo que necesitas hacer y lo que no debes hacer como influencer. El objetivo no es sólo ser un influencer regular, sino ser la mejor versión que puedas ser. ¡Buena suerte!

PREGUNTAS FRECUENTES SOBRE CÓMO SER UN INFLUENCER.
Aquí hemos recopilado algunas preguntas que la gente

hace regularmente acerca de ser un influencer:

- ¿Quién es un influencer? Un influencer es una persona que está involucrada en el negocio de impactar las vidas de su audiencia objetivo en cualquier campo o industria que haya elegido. Son expertos en lo que hacen y a menudo consideran los intereses de su audiencia antes de hacer ciertas decisiones.
- ¿Cuál es la diferencia entre un embajador de marca y un influencer? La diferencia es la forma en que ambos tratan a sus marcas y cómo son compensados. Un embajador de marca es alguien a quien se le paga por representar la voz de una marca o anunciar la marca en cuestión. Mientras que un influencer es un individuo que se asegura de que la idea de una marca resuene con su audiencia, ellos ponen los intereses de su audiencia primero antes de tomar una decisión o firmar un acuerdo con cualquier marca.
- ¿Es la mercadotecnia para influencers una buena estrategia de marketing? Sí, la mercadotecnia para influencers es una estrategia impresionante que toda marca debería intentar. Ha funcionado para varias marcas y también debe de funcionar para la tuya.
- ¿Necesitas estar activo en todas las plataformas de redes sociales para ser un influencer? No, no es necesario estar activo en todas las plataformas de redes sociales. Sin embargo, independientemente de cualquier que hayas elegido, ser un influencer debe ser tu prioridad, y debes esforzarte por ser muy activo en dicha plataforma.
- ¿Con qué frecuencia debe publicar una persona influencer en las redes sociales? Depende de lo que te atraiga como influencer, pero necesitas ser consistente y publicar tan a menudo como puedas.
- ¿Se paga a las personas influencer? Se paga a muchas

personas influencers, dependiendo del tipo de acuerdos que firmen con ciertas marcas.

Fin.

TODOS LOS DERECHOS RESERVADOS.

Ninguna parte de esta publicación puede reproducirse o transmitirse de ninguna forma, ya sea electrónica o mecánica, incluidas las fotocopias, grabaciones o cualquier sistema de almacenamiento o recuperación de información sin el permiso expreso por escrito, fechado y firmado del autor.

DESCARGO DE RESPONSABILIDAD Y / O AVISOS LEGALES:

Se han hecho todos los esfuerzos para representar con precisión este libro y su potencial. Los resultados varían con cada individuo, y sus resultados pueden o no ser diferentes de los representados. No se han hecho promesas, garantías o garantías, ya sean explícitas o implícitas, de que usted producirá un resultado específico de este libro. Sus esfuerzos son individuales y únicos, y pueden variar de los que se muestran. Su éxito depende de sus esfuerzos, antecedentes y motivación.

El material de esta publicación se proporciona únicamente con fines educativos e informativos y no pretende ser un consejo médico. La información contenida en este libro no debe usarse para diagnosticar o tratar ninguna enfermedad, trastorno metabólico, enfermedad o problema de salud. Siempre consulte a su médico o proveedor de atención médica antes de comenzar cualquier programa de nutrición o ejercicio. El uso de los programas, consejos e información contenidos en este libro es bajo la única opción y riesgo del lector